Une économie politique de l'hôpital
– contre Procuste –

Questions contemporaines
Collection dirigée par Jean-Paul Chagnollaud, Bruno Péquignot et Denis Rolland

Chômage, exclusion, globalisation… Jamais les « questions contemporaines » n'ont été aussi nombreuses et aussi complexes à appréhender. Le pari de la collection « Questions contemporaines » est d'offrir un espace de réflexion et de débat à tous ceux, chercheurs, militants ou praticiens, qui osent penser autrement, exprimer des idées neuves et ouvrir de nouvelles pistes à la réflexion collective.

Dernières parutions

Jacques ARON, *Mythologies et réalités juives au commencement de l'Europe moderne, Huguenots et Juifs ou l'illusion rétrospective,* 2018.
Jean-Paul GUICHARD, *L'affirmation de l'Europe byzantine (1796-1914)*, 2018.
Richard TRAPITZINE, *Pour un urbanisme humaniste, Réalités d'hier, utopie d'aujourd'hui, réalité de demain ?,* 2018.
Thierry ALLAIN, Frank CLAUSTRAT, Françoise PELLICER et Jean-François THOMAS (dir.), *Entre paysage et territoire.* R*eprésentations de l'espace et manifestations du pouvoir*, 2018.
Gilbert PILOT et Réjean COTE, *Pacte socio-économique entre le gouvernement du Canada, le gouvernement du Québec et le peuple innu,* 2018.
Lukas STELLA, *Intoxication mentale, Représentation, confusion, aliénation et servitude,* 2018.
Jean-Luc TINLAND, *Violence : non. Les démocraties à l'épreuve de la liberté,* 2018.
Myriam DESLANDES, *Démocratie locale 2.0*, 2018.
Nicolas MENSCH, *La Rhodiacéta de Besançon. Paroles ouvrières,* 2018.

Philippe MOSSÉ

UNE ÉCONOMIE POLITIQUE DE L'HÔPITAL

– CONTRE PROCUSTE –

Préface de Martin Hirsch

L'Harmattan

Du même auteur

Le lit de Procuste. L'hôpital : impératifs économiques, missions sociales, Édition Éres, Toulouse, 1997, 168 p.

Avec Philippe MÉHAUT (Dirs.), *Les politiques sociales catégorielles : fondement, portée et limites : XVIIIes journées de l'Association d'économie sociale (AES)*, Paris, L'Harmattan, (Logiques économiques), 1998 (2 tomes).

Avec Marc MAURICE et Robert TCHOBANIAN, (Eds,) *Pour une économie politique du travail. Morale et action dans l'œuvre de François Sellier*, Editions Octares, 2005, 230 p.

Avec Tetsu HARAYAMA, Maryse BOULONGNE et Toshiko IBE, *Infirmières et hôpitaux au Japon et en France. Essai sur l'ancrage sociétal d'une profession et d'institutions en mutation*, Édition Hokuju, Tokyo, 2006, 182 p. (ouvrage en japonais).

Avec Maryse BOULONGNE, Toshiko IBE et Tetsu HARAYAMA, *L'hôpital et la profession infirmière. Une comparaison France-Japon : les voies de la modernisation*, Édition Seli Arslan, Paris, 2008, 192 p.

Avec Léa LIMA, *Le sport comme métier. Les STAPS, des études à l'emploi*, (Dirs), Édition Octares, Toulouse, 2010, 153 p.

Avec Tetsu HARAYAMA et al., *Hospitals and the Nursing Profession,* Édition John Libbey, Paris, 2012, 175 p.

5-7, rue de l'École-Polytechnique ; 75005 Paris
http://www.editions-harmattan.fr
ISBN : 978-2-343-16008-5
EAN : 9782343160085

REMERCIEMENTS

Ce livre n'aurait pas vu le jour sans le projet et le soutien du Professeur Tetsu Harayama. Mon souhait est que le lecteur lui en soit, autant que moi, reconnaissant.

Les éléments de comparaison avec le Japon doivent beaucoup à l'énergie de Maryse Boulongne-Garcin.

Je suis également redevable aux participant(e)s du séminaire qui s'est tenu en mars 2017 à la Maison de la culture du Japon à Paris.

Je remercie :

Lise Rochaix, pour ses encouragements et pour avoir accompagné avec bienveillance cette publication ;

Corinne Grenier, pour sa lecture attentive et intense d'un premier manuscrit ;

Delphine Lux, pour la qualité des remarques et la pertinence des suggestions qu'elle a formulées sur la base d'une version estivale du manuscrit ;

Jean-Claude K. Dupont, pour l'application amicale avec laquelle il a annoté avec précision et corrigé avec constance ce même manuscrit ;

Philippe Marigny, pour son travail de mise en forme ultime.

Enfin, je remercie tout particulièrement Martin Hirsch d'avoir rédigé une préface éclairante et engagée.

PRÉFACE

Dans le débat public, la santé est le plus souvent abordée par sa dimension économique : le coût des médicaments, les plans d'économies à l'hôpital, les honoraires des médecins, les dépenses, les cotisations, le déficit de la Sécurité sociale…

Est-ce que les choses iraient mieux si l'on dépensait plus ? Je serais le premier ravi de disposer de plus grandes marges de manœuvre financières pour les hôpitaux que je dirige[1]. Mais il faut se méfier des évidences. Un système de santé parfaitement organisé ne rendra pas les services attendus s'il n'a pas assez de ressources ; un système qui a des lacunes dans son organisation ne les comblera pas à coups de milliards.

Nous avons la chance d'avoir un très bon système de santé, certainement pas le meilleur au monde, mais parmi les meilleurs. Et les questions qui vont se poser dans l'avenir, le sont de manière redoutable, avec deux mauvaises manières de les aborder.

La première est de ne suivre qu'un raisonnement économique ou budgétaire. Cela consisterait à partir uniquement de la part de la richesse nationale que nous sommes prêts à consacrer à la santé.

---

[1] *L'hôpital à cœur ouvert*, Martin HIRSCH, Éditions Stock, 2017.

La deuxième mauvaise manière de procéder serait de faire l'impasse sur la dimension économique. Puisque la santé n'a pas de prix, il n'y aurait aucune raison de limiter a priori ce que la nation lui consacrerait. Il suffirait de consacrer *ex post* ce qui a été nécessaire pour soigner.

La réalité, qu'il faut accepter, c'est qu'il existe une tension permanente entre le soin et l'économie, entre les contraintes médicales et les contraintes financières, entre les aspirations à être libéré de la réalité budgétaire et le besoin d'allouer au mieux les ressources.

Cela impose de changer régulièrement les règles du jeu. Puisque celles-ci ne peuvent être parfaites, il y a un risque à conserver trop longtemps les mêmes : les effets pervers deviennent de plus en plus insupportables et finissent par pervertir les comportements.

Au mieux peut-on se comparer entre pays, mais pour que ces comparaisons soient raison, encore faut-il aller plus loin que celle des dépenses, et savoir ce que couvrent ces dernières en termes de qualité des soins. C'est là que se trouve la clef. Probablement la seule solution pour sortir de cette tension permanente autour des contraintes budgétaires consiste à mettre en face une réelle mesure de la qualité de soins et à avoir des objectifs solides de qualité et de « pertinence ».

C'est le grand chantier que nous avons devant nous. Un chantier techniquement, sociologiquement, politiquement délicat. Mais un chantier indispensable pour éviter qu'on ne franchisse un pas sans nous en apercevoir, ce point où la qualité se dégrade parce que la pression financière aura été trop forte, et par ailleurs mal répartie. C'est tout l'enjeu de la stratégie de transformation du système de santé[2] et des mesures énoncées en septembre 2018.

---

[2] Discours sur la stratégie de transformation du système de santé, « Ma santé 2022 », prononcé à l'Élysée par Emmanuel MACRON, président de la République, le 18 septembre 2018.

Dans son ouvrage, Philippe MOSSÉ remet totalement en perspective l'évolution de l'hôpital public depuis les années soixante-dix, avec un décryptage à la fois économique et sociologique de son mode d'organisation. Son analyse des modes de régulation montre la complexité des enjeux auquel l'hôpital public doit faire face ces dernières années, et montre aussi la capacité collective des équipes qui y travaillent à assimiler le concept d'efficience et à construire des réponses fondées d'abord sur la notion de projet, puis sur celle de contrat. L'ouverture de l'hôpital sur le territoire et sur la ville constitue une nouvelle étape d'un regard et d'un rôle qui lui est assigné du fait des profondes transformations de santé publique, de l'évolution du progrès médical et technologique, des modes de prise en charge et des attentes des patients. Avec la conviction que « la qualité et la pertinence des soins » sont non seulement porteuses de sens et de valeur pour les équipes du service public hospitalier, mais qu'elles sont aussi au cœur de la nouvelle régulation du système de santé.

Contre Procuste, oui, résolument.

Martin HIRSCH
Directeur général de l'Assistance publique-
Hôpitaux de Paris

Lorsqu'on pose a priori la différence, on perd de vue le fond commun. Quand on part du fond commun, les différences apparaissent d'elles-mêmes.

Jean-François Billeter, *Contre François Jullien*,
Éditions Allia, 2006, p. 82.

AVERTISSEMENT

Cet ouvrage est en partie le fruit de l'actualisation d'un livre paru en français en 1997 qui visait à expliquer les logiques présidant aux évolutions que connaissait alors l'hôpital public français (Mossé, 1997). Au service de la même finalité, il est nécessaire d'analyser les modalités les plus récentes de ces changements. Certes, depuis vingt ans, les transformations que connaît l'hôpital français s'inscrivent, globalement, dans la continuité des dynamiques dont le premier ouvrage rendait compte. Mais sont venues s'y adjoindre des méthodes (notamment de rationalisation) et des pratiques (notamment d'ouverture) dont l'émergence puis l'essor signent l'avènement d'un nouveau modèle.

Celui-ci se caractérise par un double développement : sur le renforcement du processus d'industrialisation, de standardisation et d'hyper spécialisation des soins viennent se greffer des contraintes économiques qui pèsent de manière toujours plus forte sur les professionnels. Toutefois, pour ce qui concerne les hôpitaux, « contraintes économiques » ne signifie pas rationnement mais rationalisation. En effet, les moyens (humains, techniques ou financiers) consacrés à l'hôpital n'ont jamais été aussi élevés qu'aujourd'hui. Mais, en contrepartie, les tutelles demandent aux professionnels (médecins, paramédicaux, administratifs, etc.) un engagement toujours plus fort. Dans l'ouvrage, on montrera comment et pourquoi, depuis vingt ans, cet engagement prend de plus en plus la forme de contrats.

Par ailleurs, il apparaît que, désormais, l'objectif premier des institutions hospitalières n'est plus l'efficacité (la performance absolue) mais l'efficience (l'usage optimal des moyens). Se pose donc avec plus d'acuité la question de l'allocation des ressources en vue d'un intérêt général qui est lui-même en constante redéfinition. Ce défi, les services publics de tous les pays développés se doivent de le relever.

C'est la raison pour laquelle cet ouvrage est également le fruit de recherches de comparaisons franco-japonaises[3] *menées depuis une quinzaine d'années en collaboration avec Tetsu Harayama, professeur de sociologie à l'université de Toyo (Tokyo, Japon).*

Ces éléments de comparaison ne figuraient pas dans la première version ; ici, leur point de départ est le constat d'une forme de paradoxe. D'une part, les systèmes de santé de la France et du Japon ont un « fond commun ». En effet, ils sont considérés, à juste titre, comme parmi les meilleurs du monde. Leurs fondations historiques sont similaires, inspirées du modèle bismarckien ; la qualité des soins et les compétences des professionnels y sont d'un haut niveau et appréciées ; les réformes qui visent à les transformer ont des sources communes telles que le nouveau management public ou la recherche de l'efficience. Bref, nombreuses sont les similitudes. Mais,

[3] Ces recherches ont notamment été présentées lors de deux séminaires : l'un, soutenu par la Fondation Franco-Japonaise Sasakawa, s'est tenu en mars 2017 à la Maison de la culture du Japon à Paris ; l'autre, soutenu par la Toshiba International Foundation (TIFO), s'est tenu en septembre 2017 au LEST d'Aix-en-Provence.

d'autre part, une fois ce fond commun posé, de nombreuses différences étonnent. Ainsi, comment expliquer que les durées de séjours hospitaliers soient environ trois fois plus longues au Japon qu'en France ? Comment expliquer que la division du travail repose, en France, sur l'hyperspécialisation des professions paramédicales alors que, au Japon, la polyvalence est valorisée ?

INTRODUCTION GÉNÉRALE

Les hôpitaux publics[4] ne sont pas des entreprises mais des organisations, voire des institutions. Si bien que les politiques de rationalisation dont ils sont désormais l'objet ne se heurtent pas tant à des *résistances* qu'à l'existence de conceptions différentes quant à leurs finalités et leurs valeurs. Dans cette perspective, cet ouvrage propose une analyse de l'hôpital qui tient compte de ces tensions, par exemple entre les impératifs économiques et les missions sociales ou encore entre le *cure* - ou les soins techniques - et le *care* - qui englobe les pratiques autour du soin proprement dit et qui ont beaucoup de mal à se déployer.

En effet, les analyses économiques, financières ou gestionnaires consacrées à l'hôpital sont aujourd'hui en nombre croissant qui déplorent la faible prise en compte de ses spécificités. Pourtant ces analyses participent de cette confusion et l'ont peut-être même créée, en tentant d'appliquer à l'organisation hospitalière des approches, des méthodes et des recettes qui auraient fait leurs preuves dans le domaine industriel et marchand. La transférabilité de ces outils et de ces raisonnements n'étant pas assurée,

[4] Cet ouvrage est centré sur le secteur hospitalier public ; cependant, quelques informations sur le secteur privé seront parfois données dans le cours du texte, notamment pour mettre en évidence des différences dans le mode de développement.

leur mise en œuvre tend à transformer l'hôpital de telle sorte qu'il s'adapte à ce qui serait une évolution inéluctable, le sens de l'histoire. Version moderne d'un mythe ancien, qui consiste à « modifier » la réalité de l'hôpital et de ses agents pour qu'elle soit conforme au modèle de l'entreprise, au moule de la gestion et au « lit de Procuste ».

Pour sortir de cette contradiction, l'approche proposée ici consiste à défendre et à illustrer l'idée selon laquelle toute analyse économique de l'hôpital s'appuie implicitement sur une conception de ses missions sociales. Il est donc indispensable de mieux connaître les contours de ces missions et les difficultés rencontrées pour les remplir. Ce n'est que dans la mesure où pourront être intégrées les missions sociales et les fonctions sanitaires que la logique gestionnaire adossée à des modèles d'organisation adaptés aura quelques chances de conduire à une amélioration de l'efficacité économique et sociale de l'hôpital.

Mais un premier paradoxe se profile : l'efficacité ne peut être atteinte que si elle s'inscrit dans des projets collectifs et individuels portés par l'ensemble des personnes qui, à l'intérieur ou à l'extérieur, concourent à la marche de l'hôpital. Or, il existe plusieurs conceptions de l'efficacité qui sont d'autant plus fortement antagonistes qu'elles ne sont pas reconnues ou identifiées comme telles. La difficulté consiste donc à rendre compatibles des conceptions et des objectifs divers.

On pourra voir dans cet ouvrage que les exemples abondent où une réflexion sur le foisonnement des objectifs poursuivis aurait permis de les hiérarchiser et ainsi d'éviter bien des gaspillages en temps et en argent.

Il en est ainsi par exemple des horizons temporels : le recul, nécessaire à l'action de tous les jours, n'est pas le même pour un administratif, un médecin ou une assistante sociale hospitalière. Au sein même de chaque profession peuvent exister des différences de rapport au temps de l'intervention ; pour certains médecins (par exemple, les chirurgiens) elle sera programmée, pour d'autres (notamment, les urgentistes) elle sera exclusivement liée aux aléas de la demande. Or, le travail en commun nécessite des coopérations qui soient synchrones. Cette harmonie des temporalités n'est, en pratique jamais mieux réalisée que dans l'urgence. Que l'urgence soit un ciment et un moteur de l'action efficace, les tragédies effroyables des attentats de novembre 2015 et de juillet 2016 en France et les catastrophes de Fukushima au Japon en mars 2011 l'ont démontré. Dans ces circonstances, les personnels de santé se sont trouvés en première ligne et ont su coordonner leurs efforts pour soutenir, soulager et sauver des vies dans des conditions inouïes.

Même en dehors de ces situations extrêmes, le besoin de répondre rapidement et efficacement à une situation inattendue permet de réaliser l'équilibre temporel des interventions précisément parce qu'il établit une forme de priorité absolue. Le modèle de l'urgence médicale ou vitale agit comme la métaphore de toute pratique hospitalière, en instaure la légitimité. Dans ce contexte, décider (intentionnellement ou non) de traiter « dans l'urgence » des problèmes qui demanderaient au contraire de la réflexion et du temps permet de mettre en place un accord entre tous les intervenants, à la fois sur les buts et sur les moyens. De plus, l'urgence ayant été ainsi décrétée, cela évite que l'on prenne le temps de se prononcer sur sa réalité.

Un autre exemple de la diversité des points de vue concerne la perspective que l'on adopte pour évaluer les résultats des interventions. Cette question est aujourd'hui centrale puisque la mesure des résultats de l'activité hospitalière devient peu à peu, et tout à la fois, un enjeu et une arme. Or, la démarche évaluative ne peut être réduite ni à une technique ni à une mécanique. Bien que se présentant par nature et par fonction sous les traits de l'objectivité, l'évaluation est largement dépendante des choix, problématiques ou méthodologiques, qui ont présidé à sa mise en œuvre. Dans ce registre, la sophistication des outils de mesure ne peut masquer que le résultat, plus ou moins positif, sera notamment influencé par le point de vue adopté. Si prévaut celui de l'hôpital et de son intérêt propre, alors l'efficacité sera directement fonction de sa capacité à trier les malades, à sélectionner les patients dont la pathologie et les traitements correspondent le mieux aux critères de productivité et de rentabilité immédiate. Si, au contraire, l'hôpital est perçu comme un élément du système de santé, il sera d'autant plus efficace qu'il parviendra à éviter les hospitalisations non « pertinentes », c'est-à-dire à perdre une partie de ses ressources immédiates. De plus, les évaluations seront différentes selon qu'il s'agira de mettre l'accent sur la santé publique, l'aménagement du territoire, l'innovation ou l'emploi.

Un troisième exemple s'appuie sur les expériences, les réformes, les recompositions et les réorganisations en cours. Depuis la fin du XXe siècle les entreprises et les organisations connaissent de vastes et profondes mutations. Qu'il s'agisse, en interne, du développement de l'autonomie des salariés, de l'appel à la mobilisation, de changement technologique, ou, en externe, de restructurations, de concentrations et de rapport au marché, ces mutations sont présentées comme directement liées à la lutte pour un objectif commun : la compétitivité. Dans le cas de l'hôpital, qui moins que d'autres échappe à ce mouvement, il n'en va pourtant pas tout à fait ainsi. Au contraire la définition même des objectifs devrait faire partie intégrante de l'organisation hospitalière et de sa dynamique. Le système de santé n'est en effet régi ni par la concurrence et le marché ni par un quelconque avatar d'économie collectiviste et centralisée. En l'absence de ces modes de régulation, au demeurant théoriques, la finalité, l'objectif de la production hospitalière demeurent un enjeu en constante redéfinition, dépendant de l'état des rapports professionnels internes et de l'environnement qui sont eux-mêmes objets de stratégies individuelles ou collectives.

Tenir compte de ces contradictions et tirer parti de cette diversité sans la gommer, alors que la tentation est grande d'établir une hiérarchie qui favoriserait l'urgent aux dépens de l'important, tel est l'enjeu que doivent relever les organisations hospitalières. De ce point de vue, deux convictions sont à l'origine de ce livre.

La première est que la situation actuelle ne se caractérise pas par une opposition entre l'économique et le social ou entre l'économique et le médical. Elle se traduit par une conception étroite et mécaniste de l'intervention économique qui, hypertrophiant la dimension comptable, s'en remet à la mesure du mesurable. Aujourd'hui, la prédominance de la logique financière conduit à ce que, dans leur ensemble, les acteurs de l'hôpital privilégient le court terme et adoptent une définition comptable de l'efficacité. Ce consensus est un des produits de l'approche financière et non, comme le prétendent certains gestionnaires, une donnée du contexte, un état d'esprit préexistant, voire une contrainte exogène.

La seconde conviction est que l'hôpital ainsi analysé dans sa diversité peut se révéler un modèle pour l'ensemble de l'économie. La littérature sur les entreprises foisonne en effet d'évocations et d'analyses d'innovations organisationnelles ou gestionnaires (économie mixte, pluriactivité, mise en réseau, évaluation de la qualité, etc.) que les hôpitaux expérimentent depuis des années. Mais jusqu'à ce jour, ces liens étaient sous-estimés. Parallèlement, et de façon complémentaire, l'importation d'outils d'observation et de gestion se développe. Il s'agit donc d'inverser le mouvement apparent actuel qui fait des hôpitaux les réceptacles de techniques ou de recettes venues d'ailleurs, mises au point dans l'industrie ou dans des contextes sociétaux différents et qui, ce faisant, les mutilent.

C'est de la prise en compte de la diversité des établissements hospitaliers, de leur organisation, de leurs personnels et de leurs patients que dépend la définition d'un mode de régulation adapté ; c'est-à-dire qui combine les impératifs économiques et les missions sociales[5]. De plus, et selon la loi paradoxale du genre, ce détour par le spécifique est un moyen privilégié d'approcher le général.

Les enseignements tirés de la situation hospitalière pourront être utiles à la compréhension des évolutions observées dans d'autres champs de l'activité économique et sociale, non pas en dépit de l'effort de contextualisation, mais grâce à lui. En effet, cet ouvrage vise à dépasser l'objectif de description critique pour proposer des interprétations des évolutions et des changements en cours. Dans ce but il sera fait plusieurs fois appel à des résultats de travaux de recherche récents.

De même, la comparaison avec le Japon a pour objectif de mieux comprendre comment, au-delà des convergences apparentes des réformes économiques et sociales, les

---

[5] Par « missions sociales », il faut entendre ici un ensemble de devoirs qui incombent à l'hôpital public tels que garantir l'accès continu de tous à des soins de qualité ; porter une attention particulière aux plus démunis et aux plus atteints ; utiliser dans le sens de l'intérêt général les ressources allouées par la collectivité. En termes d'éthique, il s'agit de combiner efficience et équité.

spécificités nationales délimitent, de façon singulière, les dynamiques de la rationalisation.

Dans une première partie seront analysées les évolutions quantitatives et qualitatives qu'ont connues les hôpitaux français. On montrera comment, au tournant des années 1980, le fort ralentissement de la croissance économique a conduit l'État et l'administration à rationaliser non seulement l'offre, mais aussi les modes d'interventions hospitalières. Dans une deuxième partie, nous verrons comment, au cours des dernières années, les contraintes toujours fortes de la régulation pourraient ouvrir des opportunités, notamment par la combinaison de la contractualisation et de la planification régionale. Encore faut-il que les protagonistes adhèrent aux principes de cette combinaison et que, de plus, ils soient suffisamment armés pour s'emparer de ces outils et pour les utiliser de manière efficiente.

« Le tort de la Comédie Française, c'est d'étendre ses acteurs sur un lit de Procuste et de vouloir qu'ils aient tous la même longueur, et qu'ils jouent de la même manière les mêmes pièces. »

Granier de Cassagnac, Angelo Malipieri
par V. Hugo, *La Revue de Paris*, 1835, Vol. 17, p.42.

« ... *Il y a tout un ordre de moyens ingénieux... une sorte de lit de Procuste, sur lequel il adapte et garrotte tous ses plans.* »

Edgar Poe, *La Lettre volée*,
Éditions Pocket (traduction de Charles Baudelaire), 1998, p74.

PARTIE I

Croissance et développement du système hospitalier

INTRODUCTION

L'hospitalisation publique et privée constitue aujourd'hui un secteur florissant et important de l'économie. « Pesant » 100 milliards d'euros et représentant la moitié des dépenses de soins, il emploie plus d'un million de personnes. Il est donc naturellement l'objet de multiples attentions[6]. En France, après une période de très forte croissance, tout aujourd'hui semble converger vers la stratégie de la peau de chagrin. Pourtant il est moins question d'une décroissance que d'un changement du mode de développement. Car, qu'il s'agisse d'en contrôler l'extension, d'en limiter le pouvoir ou d'en défendre le bien fondé, les interventions hospitalières ne peuvent laisser indifférents ni le politique ni le citoyen ni, bien entendu, le professionnel. Pendant la période de croissance, un accord tacite avait été établi pour laisser croître le système hospitalier sans véritable cohérence. Les différentes forces qui s'exerçaient alors sur cet ensemble massif confortaient l'idée selon laquelle la croissance allait durer

[6] Au Japon, les ressources allouées aux hôpitaux en 2017 comptent pour environ un tiers des dépenses consacrées à la santé.

éternellement et résoudre dans le « toujours plus », les tensions internes et externes. Pour accompagner cette croissance, les « partenaires sociaux » (syndicats et patronats) formellement en charge de la gestion de la protection sociale, pouvaient ainsi s'entendre. Ce compromis, poussé par des logiques professionnelles puissantes, a produit un hospitalocentrisme bien spécifique dont certains des traits persisteront lorsque la crise de l'État-providence s'installera au début des années 1980 (1.1). Pour le préserver, il était nécessaire, indispensable, de passer de la gestion à la régulation et de la croissance au développement.

On assiste alors moins à une réduction quantitative de la place de l'hôpital qu'à une modification de ses formes d'intervention. Parmi les modalités de cette adaptation, la plus spectaculaire est sans doute la diversification de l'offre hospitalière. Paradoxalement, cette diversification bénéficie d'une relative porosité avec la médecine de ville ou ambulatoire. Elle se traduit, notamment, par le recours à des alternatives et par une diminution de la durée moyenne des séjours. Celle-ci est présentée comme le résultat d'une évolution « naturelle » ; mais l'exemple japonais montrera qu'il n'en est rien (1.2).

Pour tenter de maîtriser ces évolutions et pour les favoriser, certains pays ont opté pour des changements radicaux, c'est-à-dire volontaristes. Victimes de l'air du temps, ils ont le plus souvent misé sur l'introduction d'un libéralisme assumé. Qu'il soit, comme aux États-Unis ou en Grande-Bretagne, affublé du label de « révolution » ou, comme en Allemagne et en Italie, nommé « autonomie de gestion », le choix est en faveur d'une régulation décentralisée du système hospitalier. En France, les réformes ont d'abord pris la forme d'un changement de leadership. L'État devient peu à peu le « payeur » et, en conséquence, pèse de plus en plus sur les choix. Mais on verra que, malgré la nature assez brutale de ce changement, l'hôpital n'est pas perdant (1.3).

Ainsi, l'hospitalocentrisme, qui fut d'abord voulu puis dénoncé, a connu bien des péripéties ; avec la crise économique et sociale, il prend une forme nouvelle mais, à bien des égards, il est toujours de rigueur.

1.1. L'HOPITAL ET LA CROISSANCE ECONOMIQUE : UNE RELATION RECIPROQUE

L'augmentation de l'offre hospitalière, de ses capacités et des emplois mobilisés est une caractéristique centrale de la période de croissance qui s'étend de l'après-guerre jusqu'au milieu des années 1970. Ensuite, les crises économiques successives (de 1976 à 2008) auraient amené ou justifié un repli, sinon un recul. Mais cette vision est partielle en ce qu'elle sous-estime le fait que l'hôpital qui se rétracte aujourd'hui n'est plus celui qui, jadis, se développait.

1.1.1. 1960 – 1980 : un tigre dans le moteur de la croissance économique

Dans l'immense majorité des pays développés, l'offre hospitalière a connu une croissance forte depuis la Deuxième Guerre mondiale. Il est désormais classique de rapprocher cette évolution spécifique de celle, plus générale, qu'a connue l'ensemble de l'économie mondiale durant la période que Jean Fourastié a magnifiquement et judicieusement qualifiée de « Trente Glorieuses ». Il est vrai que l'hôpital français a bénéficié d'une forme particulière de développement. Elle alliait une forte présence de l'État à une volonté unanime de partager, sous la forme de *reversement* de l'économique vers le social, les fruits d'une croissance économique soutenue.

Les lits hospitaliers constituaient donc un de ces points d'intersection d'intérêts divers mais, au moins provisoirement, convergents. Satisfaire des besoins de santé ; servir de champ d'expérimentation et d'application du développement technologique et scientifique ; conforter le prestige des décideurs locaux ou nationaux ; absorber une part toujours croissante de la main-d'œuvre sortant du système éducatif : autant de facteurs et d'incitations qui dispensaient bien souvent de réfléchir en termes d'optimum. La priorité était explicitement donnée à la seule croissance quantitative.

Il ne faudrait donc pas sous-estimer que, en retour, par son importance même, le système hospitalier et son évolution ont fourni à ces Trente Glorieuses un de ses moteurs actifs. Il a été tellement puissant qu'il continue d'agir aujourd'hui, alors même que les conditions et les contextes économiques se sont radicalement modifiés.

1.1.1.1. Un compromis efficace

Productrice autant que bénéficiaire de la croissance économique, l'augmentation soutenue et régulière des capacités hospitalières doit être considérée comme l'un des symboles du développement que connaît la France de l'après-guerre. Ce développement est d'abord spectaculaire par sa force, marquant (pour le meilleur et pour le pire) le paysage urbain. Il est le résultat et la preuve d'un investissement national d'importance, porté par sa finalité sociale autant que par sa rentabilité économique.

Des économistes et des historiens, regroupés dans ce qu'il est convenu d'appeler « l'école de la régulation » ont fourni de cette période de croissance une interprétation et une représentation cohérentes qui allient dans une même dynamique le social et l'économique (Boyer, 2015). Fondée, notamment, sur les concepts de « compromis institutionnalisé » et de « rapport salarial », cette approche permet d'expliquer la nature et l'importance du rôle de la protection sociale. En effet, pour les tenants de l'école de la régulation, la cohérence du modèle de développement économique est due à la réalisation d'un compromis entre les principaux acteurs de la société portant sur les finalités et sur les moyens de la croissance. Ce compromis est le résultat de conflits et de tensions entre groupes socio-économiques qui débouchent sur une forme d'organisation stable. Une fois établi, il sert tout à la fois de référent et de contrainte pour l'action.

C'est ainsi que, en France comme au Japon, les premières mesures de protection collective qui vont s'émanciper de la sphère de l'assistance ou de la charité concernent les travailleurs. Il s'agit de les assurer, de les intégrer et de les protéger au sein des industries naissantes dont il convient d'accompagner l'essor. Ces protections, largement inspirées du modèle mis en place en Prusse par Bismarck dans les années 1850, réalisent la convergence des intérêts des différentes classes sociales en présence au moment de la révolution industrielle en Europe continentale et de l'ère Meiji (1867-1912) au Japon.

L'avènement et l'extension de l'État-providence (*Welfare State*) depuis la fin de la Deuxième Guerre mondiale constituent donc l'archétype de cette vision dans laquelle la répartition des fruits de la croissance est partie intégrante du développement économique. Compatible avec le modèle de croissance dit « fordiste » qui domine durant cette période, les institutions assurent également une forme de continuité entre la satisfaction individuelle et le bien-être collectif : « *en dehors des facteurs objectifs de croissance de la demande de soins [...] la hausse de la dépense de santé a été associée jusqu'au début des années 1990 à l'existence d'une coalition inflationniste* » (Barbier et Théret, 2009).

Mû par ces mécanismes, et largement relayé par l'arsenal institutionnel au sein duquel étaient régulièrement négociées les conditions d'application de ce compromis, le contexte global s'est donc révélé très favorable au développement quantitatif de l'offre hospitalière. En outre, cette offre participait d'une politique, souvent consciente, d'investissement en « capital humain ». En effet, et plus généralement, il s'agissait, à travers l'amélioration de la santé, d'accroître la productivité des travailleurs tout en augmentant leur pouvoir d'achat. Car chaque centime dépensé dans la santé était rentabilisé en termes d'efficacité interne (qualité et quantité de soins allant de pair) et externe (les gains en santé, *via* l'amélioration de la productivité et de la consommation, bénéficiaient aux entreprises et à l'économie tout entière).

Pour faire bonne mesure, et contrairement à ce qui s'est passé pour d'autres domaines tout aussi porteurs et économiquement moteurs de cette période (comme l'armement ou l'énergie nucléaire), la santé et son amélioration attendue de l'investissement dans le secteur hospitalier n'ont pas besoin d'être légitimées auprès de l'opinion publique. Celle-ci aurait plutôt tendance à en demander toujours plus. En effet, s'il peut arriver que l'on s'oppose à l'implantation d'une centrale nucléaire près de chez soi, il est rare que l'on ne manifeste pas contre la fermeture d'un établissement hospitalier, voire la réduction de ses capacités. Dès lors, en harmonie avec la politique keynésienne (relance par la demande pilotée par un État fort), la croissance quantitative de l'offre hospitalière était non seulement inéluctable mais bienvenue.

De fait, la part des dépenses hospitalières dans les dépenses de santé n'a cessé d'augmenter, passant de 38 % de la consommation médicale totale en 1960 à plus de 54 % en 1980. Cette évolution doit être rapprochée de celle de la part des dépenses de santé dans la richesse nationale ; cette part a plus que doublé en vingt ans, passant de 3 % du Produit intérieur brut (PIB) en 1960 à plus de 8 % en 1980. Ces chiffres donnent un aperçu de l'importance extraordinaire accordée à l'extension du système hospitalier entre 1960 et 1980.

Le tableau 1 fournit, pour la période (1960 – 1980), des indications sur cette augmentation régulière et massive tant du point de vue absolu que relatif.

Il illustre le fait que l'hospitalocentrisme du système de santé est, à cette époque, quantitativement flagrant. Son avènement et son acceptation en sont les traits d'autant plus dominants qu'ils sont portés par une croissance non moins remarquable de l'ensemble du système de soins. Ainsi, entre 1960 et 1980, l'hôpital a contribué à hauteur de 60 % à la croissance de la consommation médicale.

Tableau 1. Croissance du secteur hospitalier 1960 - 1980

Années	1960	1970	1980
Dépenses courantes de santé /PIB	3 %	6,1 %	8 %
Part des dépenses hospitalières	38,6 %	45,7 %	54,2 %
Nombre de lits (en milliers)	451	537	597

Source : annuaires statistiques du ministère de la Santé (diverses années).

En France, « *La période 1950-1985 se caractérise par une dynamique de croissance importante de tous les postes de dépenses, mais plus particulièrement par la hausse de la dépense hospitalière [...] sur un rythme annuel de 16 % sur cette période »* (Le Garrec *et al.* 2013).

Cette explosion quantitative se double d'un changement qualitatif majeur. Sous l'expression « humanisation des hôpitaux », des salles communes sont supprimées, des lits vétustes sont réaménagés et rénovés, les plateaux techniques sont améliorés et développés. Ainsi, entre 1960 et 1980, le nombre de lits en salle commune passe de 400 000 à 70 000. Si bien que l'hôpital de 1980 ne ressemble plus en rien à l'hôpital de 1950.

L'architecture aussi se modifie. L'avènement des grands hôpitaux transforme l'architecture extérieure. Partout sur le territoire français fleurissent des dizaines d'établissements « monoblocs » qui viennent barrer l'horizon. L'architecture et les aménagements intérieurs aussi sont modifiés. Ainsi, la part des locaux consacrée à l'hospitalisation proprement dite diminue régulièrement pour laisser place à des locaux techniques, aux consultations externes, à l'administration, etc. Cette évolution se traduit aussi dans la comptabilité hospitalière. Ainsi, les dépenses correspondant à l'hébergement pouvaient atteindre jadis jusqu'à 80 % des dépenses d'un hôpital donné ; dès les années 1960, elles ne représentent plus en moyenne que 60 %.

Tout cet ensemble transforme insensiblement mais intentionnellement l'hôpital et ses missions. De lieu d'hébergement et de prise en charge, il devient un lieu de production de biens et de services techniques. Ainsi, bien que théoriquement et politiquement toujours investi de missions sociales, l'hôpital amorce, dans les années 1960, un virage vers des fonctions techniques et spécialisées. Ce virage va créer une dynamique irréversible qui se traduira par des cloisonnements multiples (entre institutions, entre professionnels et entre le secteur sanitaire et le reste de la société). Pour accompagner et permettre ces évolutions, l'emploi hospitalier se transforme radicalement dans le sens d'une spécialisation des compétences et des tâches.

1.1.1.2. En marche vers la spécialisation

Entre les années 1960 et les années 1980, le nombre de personnes travaillant dans les établissements de santé français est passé de trois cent mille à près d'un million. Mais cette croissance ne s'est pas réalisée de façon linéaire, dans la mesure où les formes d'emploi se sont largement modifiées en suivant deux logiques. La première a conduit à encourager la spécialisation, la seconde a consisté à unifier les statuts.

Ainsi, les fonctions ou les qualifications d'une infirmière d'aujourd'hui n'ont plus grand chose à voir avec celles de 1950, si bien que la comparaison temporelle des effectifs ne rend pas compte de la réalité des bouleversements, dont l'allongement récent de la durée des études est un indice. Du point de vue de la structure des emplois, il faut noter que de 1960 à 1980, la part des diplômes infirmiers dans le total des diplômes délivrés par les écoles de santé[7] (hors aides-soignants) est passée de 93 % à 55 %. Cette évolution traduit la diversification croissante et la spécialisation dans ces métiers. Après que la formation d'aides-soignants a été créée en 1956, sont ainsi apparues entre 1969 et 1977 les formations de laborantin d'analyse médicale, de manipulateur d'électroradiologie, d'ergothérapeute et de psychomotricien.

Parallèlement, parti de 7 500 en 1960, le nombre de diplômes délivrés dans le secteur paramédical n'a cessé de

[7] Par « école de santé », il faut entendre l'ensemble des établissements de formation sous tutelle du ministère de la Santé et qui sont chaque année soumis à une enquête menée par différents services de ce ministère aux fins d'accréditation (cf. Delaporte et Gottely, 1995).

croître durant toute la période pour atteindre 30 000 en 1980. Cette progression est d'autant plus remarquable que la plupart de ces diplômés exercent à l'hôpital. Il convient toutefois de la contextualiser car, pour impressionnante qu'elle soit, cette évolution n'est pas exceptionnelle. En atteste ce qui se passe, au même moment, dans la société française. C'est ainsi, par exemple, que de 1960 à 1980 le nombre de bacheliers a été multiplié par quatre et que le nombre de diplômes de niveau III (BTS et DUT) délivrés chaque année est passé de 17 000 en 1970 à 65 000 en 1980. Si l'hôpital et les emplois paramédicaux prennent toute leur part dans la croissance économique de la période, ils participent donc d'un mouvement plus large.

Accompagnant cette croissance quantitative, et en phase avec elle, le salariat devient peu à peu le mode dominant par lequel, dans un même mouvement, le travailleur est lié à l'entreprise et intégré au progrès. L'émancipation individuelle et collective (mise en place et développement de l'éducation permanente) et la protection sociale (avènement et généralisation de la Sécurité sociale) sont, parmi d'autres, deux signes majeurs de cette intégration. Le statut de 1955 est, à ce titre, exemplaire puisqu'il tend à uniformiser les droits et les devoirs des personnels hospitaliers jusqu'alors principalement décidés au niveau de chaque établissement.

Le statut de la Fonction publique hospitalière (FPH), instauré en janvier 1986 par un gouvernement socialiste, s'inscrit donc dans une continuité d'objectifs avec la période précédente. Ce statut représente en effet l'acmé, l'aboutissement logique et presque naturel du mouvement d'émancipation et de stabilisation qui était nécessaire pour accompagner et sécuriser la croissance quantitative. En même temps, ce statut, nouveau et protecteur, crée les conditions des mutations à venir. Il s'agit de satisfaire une revendication syndicale et sociale ; mais aussi de stabiliser pour intégrer et, ainsi, faciliter les mobilités géographiques et professionnelles. Ce statut, destiné aux personnels non médicaux, vient en effet s'ajouter à celui, ancien, des fonctionnaires de l'État et à celui, plus récent, des fonctionnaires territoriaux (créé en juillet 1983).

Bien avant la création du statut de la FPH, les médecins auront bénéficié de cette politique au long cours. La particularité de la situation hospitalière réside, en effet, dans les dispositifs particuliers d'intéressement qu'il a fallu mettre en place pour attirer les médecins vers les fonctions hospitalières publiques. Ils visaient aussi à les y maintenir, tout en faisant en sorte de conserver une partie du prestige que leur conféraient, notamment, leur statut et leur expertise professionnelle. Au plan quantitatif, ces évolutions sont nettes et continues sur toute la période : entre 1958 et 1980, le nombre de médecins pour 1 000 habitants a doublé.

Mais l'intégration de toujours plus de médecins ne modifie pas seulement la structure de l'emploi. Les finalités et les orientations de la production hospitalière prennent un tour nouveau.

L'hôpital devient le lieu privilégié de l'application et du déploiement de l'expertise médicale. La création et l'avènement, des Centres hospitalo-universitaires (CHU) par la réforme Debré de décembre 1958 puis, dans un registre complémentaire, la loi hospitalière de 1970, confortent et accélèrent une évolution d'un certain type d'interventions hospitalières : celles qui donnent la primauté à sa dimension curative, scientifique et technique.

Le développement du système hospitalier n'est donc pas neutre car il oriente l'hôpital dans une direction dominante, celle de la spécialisation et, plus précisément, d'une forme de spécialisation compatible avec l'essor de l'hôpital en tant que lieu physique principal, sinon unique de son déploiement, de son renforcement et de sa légitimité.

En attestent la montée du nombre de spécialités médicales et, concomitamment, celle du nombre de médecins spécialistes tout au long de ces années. Mais la spécialisation ne concerne pas seulement les professions médicales, paramédicales ou médicotechniques. Elle touche aussi l'administration et le management.

Jadis, les directeurs d'établissement étaient issus du marché interne. La plupart effectuaient la majeure partie de leur carrière dans le même hôpital. Ils y franchissaient tous les échelons de la hiérarchie administrative avant de parvenir aux fonctions directoriales. En manque de reconnaissance ou de légitimité et, parfois, de compétence, ces directeurs « issus du rang » avaient du mal à résister aux demandes des médecins chefs de service. Cette situation, qui ne posait pas de problème majeur en période de croissance, aurait pu devenir un obstacle à la rationalisation.

Mais pour rééquilibrer les pouvoirs et les prestiges au sein de la bureaucratie professionnelle qu'est devenu l'hôpital public (Mintzberg, 1982), il a été décidé de créer un seul corps de directeur d'hôpital dont la base serait une école nationale unique. Dénommée École nationale de santé publique, cette école située à Rennes avait été mise en place en 1945, mais ce n'est qu'à partir du milieu des années 1960 qu'elle aura pour mission de former les directeurs d'hôpitaux [8] . Le marché externe supplante définitivement le marché interne. Pour la démarquer de l'approche médicale (tout en alliant spécialisation tech-

---

[8] En 2004, l'ENSP sera rebaptisée École des hautes études en santé publique (EHESP) et ses missions en matière de recherche seront renforcées.

nique, compétence managériale et haut niveau de culture générale), la formation sera peu à peu orientée vers le droit et la gestion. De plus, la réussite à un concours national très sélectif en conditionnera l'accès (Schweyer, 2005). Enfin, la mobilité sera la règle et la progression de carrière verra passer les directeurs d'établissement de petite taille vers des hôpitaux de plus en plus grands ; le Graal étant l'un des vingt-six CHU et, plus encore, l'une des trois constellations de Paris, Lyon et Marseille.

Cette course à la spécialisation et au prestige a construit un système cloisonné et doublement pyramidal : sur le plan des structures, avec au sommet les CHU, mais aussi sur le plan des professions avec, au sommet des médecins à la fois chefs de service et professeurs d'université : *« La création d'une élite hospitalo-universitaire qui rompt avec la médecine officielle générale et libérale a engendré un éclatement de l'espace professionnel par le développement de savoirs spécialisés approfondis et l'apparition de spécialités officielles, divisant la communauté professionnelle en catégories étanches et hiérarchisées »* (Charpak, 2000).

Dans une large mesure le jugement sévère porté par deux spécialistes de la question hospitalière reflète la réalité de l'époque : « *L'hôpital stratège [....] a su accroître [...] sa capacité d'offre de services, mais sans prendre en compte centralement les besoins* » (Souteyrand et Contandriopoulos, 1996).

Cette configuration va rendre difficiles, et parfois douloureux, les changements que le retournement de la conjoncture économique rendra nécessaires

À partir de la fin des années 1970, dans un contexte de crise économique et de ralentissement de la croissance, l'augmentation des dépenses publiques commence à poser des problèmes de politique économique. À la fin de la période faste, c'est-à-dire au début des années 1980, c'est précisément cet enchâssement de l'hôpital dans la croissance générale qui sera source de fragilité lorsque la conjoncture se retournera et lorsque, bientôt, on réalisera que la crise est polymorphe, durable, structurelle.

1.1.2. Depuis 1980 : les crises économiques bousculent les valeurs

Autrefois composant de la croissance et bénéficiaire de ses fruits, l'hôpital est aujourd'hui suspecté d'être essentiellement un coût, une charge pour l'économie allant jusqu'à mettre en péril la compétitivité nationale, la place de la France dans la « guerre » économique. Des modélisations réalisées par des instituts indépendants montrent par exemple qu'une hausse annuelle de 0,15 % des cotisations d'Assurance maladie pour la période 1993-2010 conduirait à une diminution de la croissance d'environ 1 % et correspondrait à environ 100 000 chômeurs de plus.

Dans le courant des années de croissance, ce type de calculs aurait été considéré comme illégitime, car il n'était pas possible de mettre en cause l'intérêt des dépenses de santé. Mais pour démontrer que, désormais, ces dépenses risquent d'être un fardeau pour l'économie, un des arguments est que leur rendement économique est décroissant.

1.1.2.1. Le contexte économique change

Si l'on s'en tient aux indicateurs traditionnels (telle l'espérance de vie) force est en effet de constater que le rendement des dépenses de santé décroît avec le temps et les dépenses antérieurement réalisées. On peut donner deux exemples de cette vérité statistique et économique.

Le premier exemple résulte d'une intuition confirmée par la comparaison internationale. Depuis plusieurs années des études ont montré que la relation entre richesse nationale et espérance de vie était positive. C'est pourquoi les habitants des pays du nord ont globalement une espérance de vie très supérieure à ceux du sud. Toutefois, lorsque la richesse augmente, son impact sur l'espérance de vie reste positif mais décroît. Autrement dit, mesuré par l'espérance de vie moyenne, le rendement d'une unité de richesse supplémentaire diminue.

Un deuxième exemple est celui de la productivité attendue des dépenses de santé. Dans la période précédente, une des justifications de la dépense de santé résidait dans le fait qu'augmenter le niveau de santé voulait dire augmenter le niveau de la productivité moyenne. Aujourd'hui, en partie grâce aux succès antérieurs de cette politique, la plus grande part des dépenses de santé bénéficie à des personnes inactives (notamment âgées). Le retour sur investissement, le rendement en termes de capital humain productif qui pourrait à son tour accroître la richesse nationale, est donc plus faible qu'auparavant. Dans le domaine des dépenses de santé aussi, une forme de cercle vertueux a rencontré ses limites.

Mais, plus généralement et au-delà de ce phénomène, la mesure du rendement décroissant des dépenses de santé est souvent présentée comme un problème économique, voire technique. Pourtant, il s'agit essentiellement d'une question sociale et politique qui rejoint la question de leur légitimité.

En effet, dans une société qui paraît de plus en plus dépendante des valeurs économiques, il est de première importance de pouvoir justifier de la rentabilité d'une action fut-elle de santé publique. Pour éclairer les choix, justifier les décisions, les économistes utilisent des principes et des instruments permettant d'établir des comparaisons entre différents résultats attendus de l'utilisation de l'argent public. Cet objectif est notamment accessible lorsque les résultats de différentes actions sont traduisibles en équivalent monétaire. Mais dans le domaine sanitaire se pose, plus qu'ailleurs, la question du produit et de sa définition. L'absence d'accord sur la mesure de l'*output* du système de santé devrait donc aller de pair avec une grande prudence dans le maniement des chiffres puisque, selon l'indicateur choisi, le « décideur » pourra conclure en faveur d'une action ou d'une autre.

Ainsi l'espérance de vie ne constitue plus un indicateur universel, même si elle est toujours pertinente pour évaluer les progrès économiques et sanitaires dans le tiers monde. Depuis quelques années, après de multiples tentatives ou propositions alternatives visant à établir un indicateur de santé à vocation universelle, un accord semble s'être établi sur l'utilisation du Qaly (*Quality Adjusted Life Years*). Il s'agit du nombre d'années de vies sauvées ou épargnées, pondérées par une mesure de leur qualité (plus ou moins dépendant, autonome ou en bonne santé). Pour comparer les efficacités de plusieurs techniques, thérapeutiques, ou médicaments, il suffit de comparer les scores attendus de leur mise en œuvre, mesurés par un seul indicateur : le nombre de Qaly. Malgré les difficultés d'application, il est vraisemblable que cette notion reflète davantage que l'espérance de vie à la naissance les objectifs et les attentes des acteurs des systèmes de santé dans les pays développés. Mais surtout cet indicateur a le mérite d'être largement reconnu et utilisé tant dans les milieux économiques que médicaux.

Le produit de cette évaluation dite « médico-économique » est, en apparence, technique puisqu'il consiste à comparer telle dépense de santé à telle autre ou tel programme à tel autre. Mais la finalité de l'exercice est ailleurs : défendre et illustrer l'idée selon laquelle toute action est redevable du calcul économique et qu'il est donc pertinent de mobiliser les indicateurs de performance économique pour en évaluer l'utilité attendue[9]. Réalisées dans le but explicite de départager des actions de santé en fonction de leurs coûts et de leurs bénéfices, ces analyses remplissent donc une fonction de légitimation sociale. Celles-ci ont changé de cible. En effet, naguère, elles avaient pour but de hiérarchiser les actions de santé ; aujourd'hui, elles doivent défendre leur bien fondé. Dans ce contexte, la *variabilité* des pratiques médicales, qui est au principe de « l'art médical », devient vite synonyme d'arbitraire et, bientôt, de gaspillage. Sa réduction devient donc un objectif en soi.

Dans le cours de cette remise en cause, l'hôpital et ses personnels, qui étaient au cœur de la croissance se retrouvent naturellement en première ligne lorsque celle-ci est compromise. Mais ce repli ne touche pas de la même façon toutes les catégories.

Après avoir accompagné la croissance, l'évolution de l'emploi accompagne un nouveau tournant dans les missions de l'hôpital.

L'enjeu, partagé par tous les professionnels, consiste à prendre ce tournant sans perdre de vue la dynamique de spécialisation.

---

[9] Depuis la fin des années 1980, l'engouement pour l'institutionnalisation de l'évaluation des politiques publiques parcourt l'ensemble de la société française. Symbole et socle de cet engouement, un Conseil national de l'evaluation, placé auprès du Commissariat général du plan a été créé en 1998.

1.1.2.2. Une productivité accrue

Aujourd'hui, près d'un million et demi de personnes travaille dans les hôpitaux français (ils n'étaient que 300 000 en 1970) et si les dépenses de personnel représentent environ deux tiers des budgets hospitaliers, elles ont augmenté plus rapidement que les autres. Toutefois, cette croissance ne s'est pas réalisée de façon homogène.

En effet, l'évolution la plus notable est que, depuis les années 1980, les formes d'emploi se sont modifiées pour aboutir aujourd'hui à une diversité très grande des statuts et, plus généralement, des rapports au travail. De même que la croissance ne s'était pas passée de façon uniforme, son ralentissement entamé depuis la fin des années 1980 ne s'est pas opéré sans déformation. La brève analyse catégorielle suivante montre que cette évolution est différenciée. De plus, il s'agit moins d'une diminution des effectifs que d'un ralentissement de leurs augmentations. En effet, l'évolution globale des emplois hospitaliers continue de suivre une légère hausse.

De 1983 à 2009, le nombre d'aides-soignants (AS) s'est accru en moyenne de 2,5 % par an, celui des personnels administratif augmentait de 1,7 % par an, celui des pharmaciens de 2 % et celui des infirmiers de 1,8 %. Durant la mémé période, le nombre de postes d'agents des services hospitaliers (ASH) diminuait au rythme annuel de 1,5 % de même que celui des agents médicotechniques. Dans le secteur privé, les écarts sont plus importants et concernent les mêmes catégories mais ils se soldent par une diminution globale de 0,2 % par an tandis que la croissance est de 1 % dans le public.

Une partie de ces différences est expliquée par des transferts d'une catégorie à l'autre. Les ASH devenant, par le jeu des promotions internes et de la formation, infirmiers ou, plus souvent, AS. C'est ainsi que près des trois quarts des AS sont d'anciens ASH. Mais ces évolutions sont aussi compatibles avec l'hypothèse d'une externalisation accrue de certaines tâches périphériques par rapport au soin *stricto sensu*. Cuisine, maintenance, entretien, hygiène et propreté : pour les gestionnaires hospitaliers, les tentations sont grandes de réduire les coûts fixes de personnels en recourant à la sous-traitance à l'hôpital ou à sa périphérie.

Ce mouvement est, d'une certaine façon, autoentretenu. En effet, des entreprises spécialisées trouvent, dans le secteur hospitalier, un marché porteur et susceptible de générer des économies d'échelle qui leur permettent de diminuer leur coût de production. Symétriquement, les hôpitaux bénéficient ainsi de compétences qu'ils auraient du mal à trouver par le biais des recrutements de statutaires. Entre les années 1990 et les années 2000, la part des personnels techniques est passée de 14 % à 11 % en équivalent temps plein (ETP).

De leur côté, en revanche, les effectifs de personnels administratifs augmentent régulièrement (surtout dans les grands établissements). Stable entre 1990 et 2000 autour de 10 %, les administratifs représentent environ 13 % des personnels non médicaux en ETP en 2013. Parmi eux, les secrétaires médicales (ou agents médicaux-administratifs) ont vu leur effectif croître en proportion du rôle croissant qu'ils (ou elles) tiennent entre les services administratifs, les services médicaux et … les patients.

Les effectifs médicaux et infirmiers connaissent une évolution similaire. Ainsi, le *numerus clausus*[10] est passé

---

[10] Instauré en 1971, le *numerus clausus* est un outil de régulation de l'offre médicale. Il détermine pour chacune des universités françaises, qui jouent le rôle d'écoles de médecine, le nombre de places disponibles en deuxième année des études médicales. Conformément au projet « Ma santé 2022 » (cf. note 27), le *numerus clausus* devrait

d'un minimum de 3 500 en 1993 à une moyenne d'environ 7 000 depuis 2005 (8 117 en 2017). Seuls environ 40 % des médecins exercent à l'hôpital, mais compte tenu de la diminution du nombre de lits de court séjour, la densité de médecins par lit s'est notablement accrue. Dans le public cette densité est passée de dix médecins pour cent lits en 1983 à vingt pour cent lits en 2012 et dans le privé de 12 à 14[11]. Il en résulte que, en matière de dépenses, les médecins ont pris la part la plus importante avec une augmentation deux fois plus forte que celle des personnels non médicaux.

Quant au nombre de places dans les écoles d'infirmiers, s'il avait été limité à 20 000 par an entre 1980 et 2000, il se maintient désormais autour de 30 000.

Il faut noter que, pour ces deux professions, le passage par une pratique hospitalière est obligatoire durant les études ou tout de suite à la sortie. Avant d'opter pour un exercice libéral, salarié ou « mixte », le jeune médecin et la jeune infirmière auront travaillé au moins quatre ans dans un service hospitalier public. Les élèves ou étudiants travaillant dans les hôpitaux constituent d'ailleurs une ressource non négligeable sur laquelle repose souvent la bonne marche des services. En 2016, le nombre d'internes (étudiants de troisième cycle) exerçant en établissement était de 33 000 (dont plus de 90 % dans le public et la moitié en CHU) ; effectif à rapprocher du nombre de personnel médical : 130 000.

être supprimé en 2019. Il devrait laisser place à un processus de sélection plus diversifié, moins brutal et plus progressif.

[11] Contribuant à cette augmentation, le nombre de médecins étrangers a crû depuis le début des années 2000. Beaucoup exercent dans les hôpitaux publics ou privés. En 2017 ils étaient au nombre de 28 000, en augmentation de 8 % depuis 2007.

Plus de personnels administratifs, plus de médecins, d'infirmiers et d'AS, moins de professionnels techniques : l'effectif des personnels non médicaux a augmenté de 3,2 % entre 2004 et 2010 ; celui des médecins a augmenté de 14 % dans le public et de 15 % dans le privé. Certes, en médecine-chirurgie-obstétrique (MCO), c'est-à-dire dans le court séjour, l'activité stagne autour de 10 millions de séjours par an ; si bien qu'on pourrait conclure à une baisse de l'efficience. Il n'en est rien car le contenu des séjours s'est densifié, notamment, en actes techniques.

Cette évolution contrastée pose la question de la productivité et de son évolution. En effet, à l'heure de la rationalisation, l'amélioration de la productivité est à la fois un objectif et une nécessité. Encore faut-il que les critères sur lesquels repose la mesure de cette productivité soient pertinents.

Avant les années 1980, les indicateurs utilisés pour évaluer la productivité étaient au nombre de quatre (le nombre d'admissions, le nombre de jours, la durée du séjour et le taux d'occupation) mis en regard des effectifs (médicaux et non médicaux).

Les résultats principaux obtenus sur la base de ces indicateurs relativement frustes étaient que les productivités étaient extrêmement variables d'un établissement à l'autre. Ce résultat est d'autant plus paradoxal que, hier comme aujourd'hui, des normes théoriques (ratio de personnel par lit, par exemple) sont régulièrement préconisées[12]. Comme c'est souvent le cas lorsqu'il s'agit de comparer les valeurs relatives de deux indicateurs (ici, les effectifs et le nombre de séjours), l'erreur est de considérer que leurs significations sont stables dans le temps et l'espace. C'est cette erreur, cette facilité, et non la réalité

[12] Ces normes ne sont qu'indicatives et varient selon les services (réanimation, chirurgie, psychiatrie, etc.) et les types d'établissements.

du terrain, qui justifie que des solutions identiques aient pu être proposées à tous les établissements ; l'idée étant de les faire « converger » (*sic*). Mais cette stratégie n'a que l'apparence de l'égalité, elle est donc rarement équitable.

L'exigence croissante d'allouer les ressources de façon optimale, combinée à l'amélioration continue d'informations de plus en plus fines, ont fait que les analyses ont gagné en rigueur et en pertinence. Ainsi, une étude a été menée sur les données du secteur MCO entre 2002 et 2007 (Studer, 2012). Pour la réaliser, quelques hypothèses ont dû être posées, portant notamment sur la forme de la fonction de production (en l'occurrence, le choix s'est porté sur une fonction de type Cobb-Douglas, relativement simple et largement utilisée), sur le critère central (en l'occurrence, le volume des soins délivrés) ; de plus, la « technologie de production de soins » a été considérée comme fixe et stable sur une période de cinq ans. Malgré ses limites et parce que cette étude est l'une des rares à tenir compte de l'hétérogénéité des patientèles, les résultats obtenus sont des plus fiables. Il appert, d'une part, que si les écarts de productivité entre hôpitaux sont importants (les plus petits étant les moins productifs), ils ont tendance à diminuer durant la période. D'autre part, l'étude montre que, selon les modèles économétriques utilisés, la productivité moyenne augmente entre 8 % et 11 %.

Ce débat a été important aussi au moment de la loi sur les 35 heures. En effet, appliqué en 2000, le passage de 39 à 35 heures par semaine aurait dû entraîner une augmentation de l'effectif des personnels non médicaux d'environ 100 000 personnes. Mais seulement 40 000 ont été recrutés durant les trois années qui ont suivi cette réduction du temps de travail hebdomadaire légal. Il en a résulté un recours massif aux heures supplémentaires (environ 7 jours par an et par agent du personnel non médical).

Comme l'observe Kranklader : « *Les hausses d'emplois se sont poursuivies les années suivantes et les 110 000 ETP supplémentaires ont bien été atteints, mais en 2008 seulement. L'adaptation de l'organisation et des recrutements des établissements de santé au contexte des 35 heures et à la croissance de l'activité a donc été progressive. Au final, les gains de productivité sembleraient avoir permis d'absorber l'augmentation des volumes d'activité* » (Kranklader, 2012).

1.1.2.3. Des conditions de travail détériorées

Dans ce contexte de pression accrue, la question du bien-être au travail est cruciale. Certes, les conditions de travail des infirmiers français sont meilleures qu'il y a vingt ans et elles ont largement bénéficié de leurs luttes historiques, telles celles menées en 1988 et relayées depuis. Aujourd'hui, le sentiment de stress et les symptômes de *burn out*, plus répandu qu'ailleurs, sont, pour partie, le résultat paradoxal de leur succès. Car, en même temps que l'espace professionnel des infirmiers s'étend, leurs attentes et leurs revendications (en matière de reconnaissance, de progression de carrière ou d'autonomie) deviennent plus importantes. Contrairement à ce que défendent leurs organisations professionnelles, il est d'ailleurs probable que, désormais, les infirmiers aient moins besoin de reconnaissance (*a posteriori*) que de confiance (*a priori*). En conséquence, les changements induits par la recherche de productivité doivent être mis en perspective avec des enjeux plus globaux (tels que la combinaison des différentes formes de qualité) au risque de perdre le sens des efforts demandés (cf. Acker, 2005). Conjuguée à des tâches et des fonctions pénibles ou éloignées des attentes, cette perte de sens est la cause majeure du *malaise hospitalier*. Celui-ci est attesté par le nombre objectivement élevé de maladies professionnelles ou de divers risques au travail et par le sentiment de devoir affronter des charges physiques et mentales importantes et croissantes (Bouffartigue *et al.*, 2010).

Au plan individuel, le recours au temps partiel est une façon efficace de compenser la pénibilité des tâches ; cette compensation est rendue nécessaire par le rallongement de la vie professionnelle. En 1993, 17 % des infirmiers travaillaient à temps partiel ; ils sont 25 % en 2012. Et, de façon significative, ce pourcentage est plus élevé chez les infirmiers de plus de 40 ans (30 %). Au plan collectif cette pression toujours plus grande explique une bonne part des mouvements sociaux qui, depuis les « Coordinations » de 1988 (Kergoat *et al.*, 1992), traversent régulièrement la profession. Les infirmiers ne sont pas les seuls concernés.

Aussi nombreux que les infirmiers, les aides-soignants ne sont pas épargnés par cette tension (Arborio, 2012). Les résultats d'une enquête menée en 2011 sur cette profession sont significatifs de l'ambivalence de leur rapport au travail. D'une part « *près de neuf AS sur dix sont 'fiers' ou 'plutôt fiers' de leur métier* » (Cannasse, 2011). Mais, d'autre part : « *Trois sur cinq se déclarent insatisfaits ou très insatisfaits de leurs conditions physiques de travail [...] le burn-out est plus fréquent chez eux que chez les autres professionnels [...] Les AS développent ainsi un sentiment de manque de reconnaissance [...] leur savoir profane n'est pas mis en valeur par le reste de l'équipe soignante* » (*ibid.*).

Comme le résume M. Hirsch, directeur général de l'Assistance publique-Hôpitaux de Paris, dans son livre-témoignage : « *Sur un demi-siècle les conditions de travail ont progressé même si sur les dernières années, les personnels soignants ont une activité plus soutenue et que le malaise hospitalier est une réalité indéniable* » (Hirsch, 2017, p.31).

L'absentéisme est un des indicateurs de ce malaise. Bien que l'absentéisme ait une multitude de causes (individuelles et collectives, somatiques et psychologiques, etc.), il fait partie des moyens d'échapper (provisoirement) à la pression. La charge de travail se reportant sur les équipes ainsi diminuées, l'absentéisme est au risque de s'autoentretenir. L'analyse des « bilans sociaux »[13] des établissements français montre que l'absentéisme du personnel non médical atteint, en moyenne, trente jours par an et par agent. Cette analyse montre aussi que la profession la plus touchée est celle d'AS, particulièrement dans les CHU avec 10,4 % contre 7,8 % pour les infirmiers diplômés d'État (IDE).

Il faut noter que, malgré ces conditions de travail perçues comme difficiles, le taux de syndicalisation n'est pas très élevé. Certes, avec un pourcentage de 18 %, le taux de syndicalisation dans la Fonction Publique Hospitalière est supérieur à celui des salariés français (11 %), mais il est, par exemple, inférieur à celui qu'on observe dans la Fonction publique d'État (21 %). Les enquêtes menées auprès des infirmiers ont montré l'existence d'un doute concernant la capacité des syndicats à aborder et régler les problèmes d'organisation du travail et plus largement à améliorer leurs conditions de travail. Pour ce faire, les infirmiers comptent davantage sur les opportunités que leur offre un espace professionnel large et que leurs actions visent, continuellement, à étendre. Il leur est ainsi possible de modifier leur rythme de travail (temps partiel, travail de nuit, dérogation pour travailler douze heures de

[13] Ce bilan, réalisé sous forme d'enquêtes par l'Agence technique de l'information sur l'hospitalisation (ATIH), porte sur les bilans sociaux de 2014 de la moitié des hôpitaux de plus de 300 agents.

suite, etc.), de changer de lieu ou de mode d'exercice. Le *turn over* annuel des personnels non médicaux est estimé à 10 %.

Cette situation est d'autant plus périlleuse que l'essentiel de la charge financière correspondant aux congés maladie incombe aux établissements eux-mêmes. En outre, comme le nombre d'agents titulaires est limité par des normes nationales, le recrutement des personnels est de plus en plus souvent réalisé sous la forme de contrats précaires. Mais les conséquences sociales, internes et externes, de ces décisions, prises pour d'évidentes raisons financières, ne sont pas suffisamment évaluées par ceux-là mêmes qui les prennent. Poussés par la contrainte économique et réglementaire, les directeurs d'hôpitaux voient dans ces formules une possibilité de résoudre la contradiction devant laquelle ils sont placés : faire face à des besoins croissants sans accroître les effectifs permanents qui grèveraient les budgets de façon pérenne.

En fait, le recours aux contractuels et aux emplois précaires constitue la première rançon de l'autonomie (relative) accordée aux établissements auxquels la loi autorise, dans des cas « exceptionnels », l'embauche de contractuels ou la mise en place de « statuts particuliers locaux ». En première analyse, le poids des travailleurs intérimaires reste limité à environ 2,5 % de la masse salariale (chiffre 2014), mais ce pourcentage apparemment faible est supérieur à l'augmentation annuelle de la masse salariale des travailleurs permanents. Il en résulte que la période récente se caractérise par un ralentissement des recrutements sur statuts salariés traditionnels et par le développement de formes dites « atypiques » d'emploi ou de ce que les bilans sociaux appellent des « situations particulières ». Parmi celles-ci, les contrats à durée déterminée (CDD) dans le secteur privé ou les emplois

« aidés » ou subventionnés, le plus souvent de courte durée, dans le public, constituent la plus grande part.

Pour résorber l'emploi précaire, différentes mesures ont été prises ; notamment *via* un protocole d'accord signé en 2011 et qui concerne les trois fonctions publiques. Toutefois, le nombre de contractuels reste élevé. C'est que, d'une part, les contraintes qui pèsent sur les procédures de recrutement (notamment pour pallier l'absentéisme) sont fortes et, d'autre part, la « flexibilité » peut comporter, en elle-même, quelques avantages pour les personnels (Mossé *et al.*, 2011). Toutefois, la précarité des personnes et la flexibilité des emplois entrent en contradiction avec la volonté de mettre en place des pratiques nouvelles. Celles-ci demandent en effet que des engagements soient pris dans le moyen terme grâce à une mobilisation de tous et une implication forte. Or, comme on va le voir, ces engagements sont amenés à se multiplier dans un temps où les interventions et les pratiques hospitalières se complexifient et se diversifient.

1.2. La diversification des offres

Simultanément, d'une part, la croissance des indicateurs traditionnels que sont le nombre de lits et les emplois stables est réduite ou ralentie et, d'autre part, les acteurs de l'hôpital inventent des formules alternatives dans la façon même de produire les soins.

Ces deux dynamiques se renforcent mutuellement ; mais il convient d'insister sur le fait que la phase d'expansion avait coïncidé avec le début de ce mouvement de diversification, de sorte que la multiplication des formes de l'intervention ne peut pas être considérée comme une réponse à la raréfaction des moyens. Elle correspond aussi au développement structurel des spécialisations médicales.

Poussée par la crise économique et tirée par les progrès de la science médicale, l'évolution actuelle est particulièrement marquée par le phénomène de diversification. L'objet de cette partie est de montrer comment, en quelques années, l'offre hospitalière a changé de configuration, de structure et, dans une large mesure, de finalité. Le séjour et les soins dispensés au cours du séjour restent bien entendu au cœur de l'activité hospitalière mais ils s'inscrivent de plus en plus au sein d'une filière dont l'hôpital reste le maître sans toujours disposer des outils de suivi et d'évaluation correspondants.

Au cours des années « glorieuses », la notion d'offre hospitalière a évolué. C'est à la fois une forte technicisation et une réponse à des besoins indissociablement sociaux et sanitaires qui apparaissent à l'occasion de cette évolution. Celle-ci se concrétise par le développement de modes et de lieux d'exercice diversifiés. Ils font de l'hôpital un lieu de prise en charge à la fois plus ouvert (ce sont les alternatives à l'hospitalisation) et plus intense (le contenu technique des séjours devenant de plus en plus denses).

1.2.1. L'hôpital et ses filières

Le modèle de l'hospitalisation classique semble en voie de disparition. Le séjour précédé d'une séance de médecine de ville et suivi d'un retour au domicile a vécu. S'y substitue une filière de soins dans laquelle interviennent des professionnels différents et des institutions variées, la plupart tournés vers les soins techniques. Cette filière est composée de consultations externes, de séjours très courts et de séances d'hospitalisation partielles et répétitives et, pour les plus âgés ou les moins autonomes, d'une institutionnalisation en établissements d'hébergement pour personnes âgées dépendantes (EHPAD). Peut s'y ajouter une prise en charge sociale et médicale au domicile du patient. Le domicile devient alors le lieu d'exercice de professionnels de santé et aussi de personnels des services d'aide et d'accompagnement.

Des séjours brefs

C'est pour des motifs de nature indissociablement médicale et économique que l'on est passé de la forme dominante - qu'est le séjour d'une durée avoisinant ou dépassant deux semaines - à une conception multiforme de la prise en charge. Quant à l'hospitalisation « classique », l'impératif est de minimiser la durée moyenne des séjours ; impératif d'autant plus puissant qu'il rencontre les vœux et les attentes des patients.

Signes du rôle accru de l'hôpital dans les prises en charge légères, les consultations externes ont crû à un rythme soutenu. Leur coût a augmenté deux fois plus rapidement que la moyenne des dépenses hospitalières : entre 2002 et 2016, le nombre de consultations hospitalières a augmenté de 80 % et environ un quart des quelque cent millions de consultations de spécialistes se déroule désormais à l'hôpital. Confirmant que la logique « industrielle » ou, du moins techniciste, touche aussi ces formes d'interventions, le nombre d'actes (radiologie, biologie, imagerie, techniques et paramédicaux) réalisés à l'occasion de ces consultations a augmenté de 30 %. Durant le séjour lui-même cette technicité accrue, combinée à la réduction de la durée moyenne, a permis d'absorber l'augmentation du nombre de séjours dans un contexte où le nombre de lits MCO diminuait. En 2016, le nombre total de séjours hospitaliers en MCO était d'environ 10,4 millions, dont 2,5 millions dans les établissements privés lucratifs.

L'accroissement de la technicité s'explique notamment par l'augmentation des examens réalisés avec des appareils de plus en plus nombreux et sophistiqués. Bien sûr, comparé au Japon, l'équipement des hôpitaux français en IRM est faible (10 contre 47 pour un million d'habitants et une moyenne de 14 pour l'ensemble des pays de l'OCDE). Mais ces appareils d'imagerie médicale sont plus souvent utilisés ; si bien que le nombre d'examens pratiqués en France est très supérieur à la moyenne des pays de l'OCDE (91 contre 50).

Dans cette conception, chaque séjour peut être soit réduit à quelques heures, soit inscrit dans une série éventuellement programmée (on parlera alors de séjours itératifs). C'est aussi le cas des « séances » (telles les séances de dialyse ou de chimiothérapie), au nombre de 12 millions en 2015.

Mais, cette même année, le nombre de journées en hospitalisation partielle atteignait, quant à lui, quinze millions, dont cinq dans le privé à but lucratif (Drees, 2018). En chirurgie, la moitié des hospitalisations se fait désormais sans nuitée.

Ce mouvement est relativement récent et, comme le montre le tableau 2, le nombre de « places » en service de chirurgie a plus que doublé entre 2000 et 2014. Parallèlement, le nombre de lits diminuait de 28 %. Au total, le nombre de places en MCO atteignait 32 469 en 2016 contre 15 931 en 2000.

Tableau 2. Évolution du nombre de Places en MCO (2000-2014)

Années	2000	2006	2014	Évolution
Médecine	7 392	9 506	14 264	93 %
Chirurgie	7 641	10 039	16 300	113 %
Obstétrique	898	982	1 377	53 %

Source : Deltour-Becq, Elbaum *et al*, 2016, p.28.

Dans le privé, ce mouvement d'ampleur se traduit, par exemple, par un recours soudain et massif à la chirurgie ambulatoire au détriment de la chirurgie classique. En 2015, la chirurgie représente 80 % de l'activité des cliniques commerciales et seulement 30 % de celle des hôpitaux publics. Significative d'une accélération brutale, la proportion des opérations de la cataracte, réalisées en chirurgie ambulatoire, était, en 2000, deux fois inférieure à la moyenne de l'OCDE (30 % contre 60 %) ; quinze ans plus tard, elle lui est supérieure (87 % contre 83 %). Près des trois quarts de ces interventions sont réalisés en milieu privé à but lucratif (OCDE, 2017, p.123).

Légitimement dominante du côté des cliniques commerciales, cette logique de la rentabilité immédiate rejaillit sur l'équilibre financier des hôpitaux publics.

Dans le public, en effet, les activités « sans nuitée » et les consultations ont acquis une importance financièrement stratégique. Pour preuve, le tollé qu'a soulevé, au printemps 2017, le projet visant à obliger les hôpitaux à facturer certaines hospitalisations de jour au même niveau que les consultations externes. Aux dires de la Fédération hospitalière de France (FHF), ceci aurait deux conséquences : à court terme, les hôpitaux perdraient d'importantes ressources ; à moyen terme le nombre d'hospitalisations de jour diminuerait alors que « *les alternatives à l'hospitalisation doivent être encouragées pour d'évidentes raisons de qualité et d'efficience* » (FHF, 2017).

C'est ainsi que, au centre et à la périphérie du système de santé, le mouvement de spécialisation professionnelle se réalise, se concrétise. Ceci crée une forme d'irréversibilité que renforcent la création, l'essor et le maintien de structures physiques, de bâtiments. Cette double dynamique (spécialisation innovante et maintien de l'existant) conduit à donner à l'ensemble du système une structure en strates successives. Le plus souvent, l'apparition d'une nouvelle strate créée par une nouvelle technique, une nouvelle pratique, une nouvelle profession, etc. ne désactive pas les précédentes. Jadis favorisé par le développement économique, ce mouvement ne s'est pas démenti avec les crises. Cette concurrence, de type monopolistique, s'en est même trouvée confortée.

Des filières longues

Il ne faut pas déduire de ces évolutions que l'hôpital perd la maîtrise de la filière de soins. Au contraire, la multiplication des modalités de prise en charge offre aux acteurs de l'hôpital un plus grand rayon d'action. Auparavant, l'hospitalisation était un relais, un appui technique dans une prise en charge qui se déroulait essentiellement sous la responsabilité du médecin de famille. Grâce à une organisation du travail adaptée et par la mobilisation de techniques appropriées, le séjour s'inscrit désormais dans une démarche thérapeutique de suivi pilotée par les médecins hospitaliers. Selon les spécialités ou les contextes pathologiques, les modalités peuvent être différentes mais les finalités sont proches. Il en est de même selon les secteurs, public ou privé. De plus, entre les établissements aux statuts différents, la proximité est accrue par le fait que les pratiques sont souvent complémentaires ou alternativement sollicitées dans le cours de filières longues.

Ainsi, entre 1980 et 1990, dans le temps où le court séjour commençait sa décroissance, les capacités dans ce qu'il était convenu d'appeler le long séjour augmentaient de près de 50 % dans le secteur public. Dans le long séjour privé, où les capacités étaient faibles au début de cette période, les augmentations ont été encore plus spectaculaires en pourcentage (300 % dans le lucratif et 140 % dans le non lucratif).

Cette croissance s'est prolongée régulièrement, si bien qu'en 2016, le nombre de personnes résidentes dans des établissements de type EHPAD étaient de 730 000 contre 650 000 en 2007. Près de la moitié d'entre elles était hébergée dans des EHPAD publics et 25 % dans le secteur privé commercial pour une durée moyenne dépassant deux ans. Le modèle économique de ces établissements est relativement complexe car les ressources sont multiples (assurance maladie, collectivités départementales, agences régionales de santé ou résidents eux-mêmes) et différentes selon qu'il s'agit de l'hébergement (environ 50 % des dépenses), des soins (30 %) ou de la dépendance elle-même (20 %). Mais au total et, notamment pour les dépenses publiques, cette forme de prise en charge est beaucoup moins coûteuse que l'hôpital ; pour une part, ceci explique que le nombre de ces séjours continue de croître.

En retour, les conditions de travail dans ces établissements se sont dégradées ; certains d'entre eux pourraient en voir affectée la qualité de vie de leurs résidents[14]. En effet, l'un des principaux problèmes des EHPAD est leur sous-médicalisation, alors que les résidents - dont l'âge moyen est de 85 ans - sont souvent polypathologiques. Or, faute d'une incitation ou d'une formation adaptées, les médecins généralistes n'assurent pas systématiquement le suivi ou les visites au sein des EHPAD. De plus, en interne, les « médecins coordonnateurs » ne sont pas autorisés à prescrire. Si bien qu'en cas de complications, l'hospitalisation *via* le service d'aide médicale d'urgence (SAMU) est souvent le seul recours.

---

[14] Une solution évoquée dans le plan présenté en mai 2018 consisterait à augmenter les effectifs paramédicaux et, notamment, à rendre obligatoire la présence d'un infirmier de nuit.

Certes, une telle évolution s'explique surtout par la forte demande de la part des personnes âgées dépendantes. Mais y contribue aussi l'effet mécanique du déversement depuis les services de court et moyen séjour. En atteste aussi l'augmentation du nombre de personnes admises dans les établissements de suite et de réadaptation (SSR) après un séjour hospitalier en MCO (dans 75 % des admissions) ; la moyenne d'âge des patients étant d'environ 75 ans.

Les besoins de soins étant importants, ces complémentarités partielles construisent de véritables parcours de soins. Par exemple, une enquête menée en 2013 a montré qu'environ un quart des personnes hébergées en EHPAD avaient été hospitalisées au moins une fois durant l'année. Par ailleurs, la pratique de l'hospitalisation à domicile (HAD) s'y implante peu à peu ; elle concernait environ 4 500 personnes en 2013 et déjà près de 7 000 en 2016.

C'est ainsi qu'en réduisant la durée des séjours et en augmentant fortement leurs contenus en soins et prescriptions, les hôpitaux de court séjour ont créé des besoins nouveaux à leur périphérie et en aval de l'hospitalisation classique, d'autant que la densité de lits en court séjour ne cesse de décroître : de 6 lits pour 1 000 habitants en 1980 à 3,7 en 2005 puis 3,2 en 2015.

Plus encore, la diversification des modes d'exercice a connu un réel essor au moment où la crise économique prenait des allures de crise sociale et s'installait dans la durée. Davantage qu'aux évolutions quantitatives des capacités hospitalières, c'est à leur mode d'utilisation qu'il faut donc s'intéresser pour expliquer les raisons (professionnelles) et les conséquences (sociales) de la transformation du système hospitalier. L'une des caractéristiques de cette transformation est qu'elle doit composer avec une volonté affichée de contrôler ou de maîtriser les coûts. Or, au moins depuis la fin des années 1990, la multiplication des formes d'exercice montre que les pratiques se sont largement diversifiées dans le sens d'un allégement des coûts apparents de la prise en charge.

Mais ces changements n'ont été possibles que parce qu'ils ont été accompagnés d'une modification de la place et du rôle de l'hospitalisation classique. Le signe majeur en est la réduction massive de la durée du séjour. Selon les données les plus récentes : « *La durée moyenne de séjour de MCO a été divisée par deux entre 1980 et 2011 (10,2 journées en 1980 ; 5,1 journées en 2011) [...] et surtout par 3,7 en psychiatrie (105,7 journées en 1980 ; 28,9 journées en 2011)* » (IRDES, 2015).

De son côté, de 1980 à 2016, la durée moyenne des séjours en service de chirurgie est passée de 8,2 à 5,6 jours dans le secteur public et de 7 à 4,9 en secteur privé. En médecine les évolutions sont du même ordre : de 10,2 à 6,9 en secteur public et de 14,7 à 7,8 en secteur privé à but lucratif.

Cette évolution pourrait paraître naturelle, contrainte par la demande et les attentes des patients. Elle est souvent présentée comme une conséquence heureuse des progrès techniques et médicaux. Mais comme elle ne se retrouve pas à un tel niveau dans d'autres pays, il convient de douter de cette interprétation.

Ainsi, la durée du séjour hospitalier est-elle particulièrement longue au Japon. Pour nombre d'observateurs, au premier rang desquels l'OCDE et quelques économistes, ce phénomène est une étrangeté. Il s'agit plutôt d'une énigme. Pour tenter de la résoudre, il faut replacer ce séjour dans son contexte, notamment professionnel.

1.2.2. La durée moyenne du séjour hospitalier (DMS) : l'exception japonaise

Lorsqu'on compare les durées moyennes de séjour (DMS) au Japon et dans les autres pays de l'OCDE, les différences apparaissent grandes et persistantes (1.2.2.1). Mais cette exception n'est pas une anomalie (1.2.2.2).

1.2.2.1. La DMS japonaise : une réalité

Les données de l'OCDE montrent que, tous diagnostics confondus, la DMS dans les établissements de court séjour dépasse les deux semaines au Japon, alors qu'elle n'est que de cinq jours en France comme dans la plupart des autres pays. Certes, comme le montre le tableau 3, l'écart s'est un peu réduit depuis la fin du XXe siècle, mais il reste important.

Pour expliquer cette exception, les experts de l'OCDE regardent un autre indicateur universel d'efficacité : la densité de lits par habitant. Ils concluent alors que l'exception japonaise est « *due à une surabondance de lits, ainsi qu'à la structure du financement des hôpitaux qui incite les hôpitaux à garder leurs patients longtemps* » au-delà du nécessaire (OCDE, 2015, p.88). Il est vrai que la densité de lits hospitaliers est élevée (deux fois plus qu'en France) mais cette situation est assumée[15].

[15] Il est significatif qu'en 2016, le gouvernement japonais préconise de diminuer seulement lentement le nombre de lits de court séjour. Le Plan de réduction, négocié au niveau national et régional, prévoit en effet de passer de 1 300 000 à 1 150 000 entre 2013 et 2025.

Tableau 3. Durée moyenne de séjour en France et au Japon (toutes causes : TC ; soins aigus : SA)

Pays	1985	1995	2005	2014
Japon TC	54,2	44,2	39,1	32
Japon SA	Ns	33,2	19,8	17
France TC	18,1	14,1	13,4	12,5
France SA	8,6	6,2	5,4	5,2

Sources : MHLW et OCDE, divers.

Depuis longtemps cette situation est considérée comme « troublante » (*puzzling*) (Powell and Anesaki, 1990, p. 168) et les experts de l'OCDE pressent le Japon de prendre des mesures pour changer cette situation : « *il est [...] nécessaire de réduire la durée des hospitalisations pour soins curatifs, qui est, là encore, la plus longue de la zone OCDE [...] en passant d'un mécanisme de paiement à l'acte à un système de groupes homogènes de malades (GHM) et en revoyant à la hausse la participation au coût des soins des personnes âgées, qui est faible aujourd'hui [...] Cela contribuerait également à réduire le nombre de consultations de médecins, qui est deux fois plus élevé que la moyenne de l'OCDE* » (OCDE, 2015, p. 36).

Mais, d'un autre côté, le fait que malgré cette DMS élevée le Japon possède un système de santé et hospitalier plus efficient que le Canada ou les États-Unis intrigue quelques commentateurs. Pour eux, il serait temps, au contraire, d'implanter en Occident les recettes nippones : « *Pourtant, la performance globale du système japonais, y compris la variété des approches qu'il peut proposer [...] est intrigante. Si nous voulons apprendre de nouvelles idées d'un système de soins japonais apparemment efficient, il est temps d'observer au-delà des seules pratiques occidentales et de mener nos analyses au-delà du seul niveau national.* » (Mc Millan et Tiesen, 2008)[16].

Ces deux préconisations, d'apparence contradictoires, sont en fait fondées sur le même postulat selon lequel ce qui fonctionne ici peut (et même doit) fonctionner ailleurs. Cette conception, globalement héritée de la vision universaliste de l'économie standard, pose que le pouvoir explicatif du contexte est négligeable. Dans cette vision, institutions, histoire, routines, logiques d'action, compétences ou habitudes, tout devrait s'effacer derrière les incitations misant sur l'intérêt des acteurs.

Au plan technique, sinon bureaucratique, d'autres observateurs regrettent que cette DMS soit le signe d'un système hospitalier qui manque de différenciation ce qui rend difficiles les comparaisons internationales. Mais cette critique n'était valable que jusque dans les années 1990. En effet, avant 1985 et la loi sur les soins médicaux et hospitaliers (première refonte du système mis en place en 1948), il était difficile de séparer les données provenant d'hôpitaux de moyen séjour de celles émanant des hôpitaux de court séjour. Mais c'est notamment pour répondre à ces critiques et à cette difficulté que le ministère japonais de la Santé et du Bien-être a décidé de modifier la classification des établissements. Depuis, les distinctions sont claires entre différentes catégories d'hôpitaux : hôpitaux aux « fonctions spécifiques », hôpitaux Universitaires, hôpitaux généraux, hôpitaux psychiatriques, etc.

Au service de cette volonté de différenciation, l'ancien « prix de journée » quasi unique a été remplacé par un système plus complexe et plus précis avec huit niveaux de prix différents, le plus élevé étant attribué aux séjours inférieurs à 15 jours.

---

[16] Traduction de l'auteur.

Certes, cette nouvelle classification a eu pour conséquence de réduire les différences apparentes entre le Japon et les autres pays, mais l'écart reste important. En conséquence, le système hospitalier japonais est toujours perçu comme étant « en retard » par rapport à celui de l'ensemble des autres pays développés. Tout se passe comme si les hôpitaux japonais résistaient en même temps aux pratiques managériales dominantes et à la théorie économique qui met l'accent sur l'efficacité des mesures financières incitatives. Selon cette théorie, soit le séjour est court et alors la performance de l'hôpital est considérée comme bonne, soit le séjour est long et la performance de l'hôpital est considérée comme faible. Or, au Japon, non seulement les performances sont bonnes mais, selon les enquêtes successives, les patients eux-mêmes sont globalement satisfaits des services dont ils bénéficient.

Il est donc nécessaire d'aller plus loin dans l'interprétation de cette exception japonaise.

1.2.2.2. La DMS japonaise : question de Convention

Des investigations ont été menées en France et au Japon ont permis de comparer les interactions entre les institutions hospitalières et les professions médicales ou paramédicales (Mossé, Harayama *et al.*, 2011).

Ici, l'accent sera mis sur les contributions de ces travaux à l'explication de « l'énigme » des longs séjours hospitaliers japonais. L'hypothèse est que cette durée de séjour est le résultat d'interactions entre trois dimensions principales : l'organisation hospitalière, la division du travail professionnel (notamment au lit du malade) et le rôle que tient l'hôpital au sein du système de santé. La clef explicative réside dans la manière dont ces trois dimensions interagissent et, plus généralement, sont enchâssées dans la société tout entière.

Polyvalence

La première observation est que, au Japon, les infirmiers sont jeunes, ce qui signifie que le *turn over* est fort. Ces faits statistiques sont conformes aux les observations réalisées en 2008 et 2013 à l'occasion d'enquêtes originales et selon lesquelles les infirmiers japonais endossent le plus souvent et les tâches reliées au *care* (prendre soin) et celles reliées au *cure* (les soins techniques).

En examinant la manière dont l'équipe hospitalière est constituée, il appert que cette division du travail favorise la polyvalence des infirmières. Ainsi le personnel par lit est au Japon trois fois moins élevé qu'en France (environ un personnel par lit au Japon contre trois en France). En outre, le ratio infirmiers / aide-soignant est d'environ quatre pour un au Japon alors que ce ratio est, en France, égal un (cf. Annexe 1).

De son côté, la Japanese Nursing Association (JNA) se montre historiquement réticente à une forme de délégation de tâches correspondant à une extension du « rôle propre » de l'infirmier. Il résulte que, entre 2002 et 2015, le nombre d'infirmiers hospitaliers (*Practicing Nurses*) a augmenté de 550 000 à 791 000 tandis que celui des AS (*Practising Assitants Nurses*) diminuait de 213 000 à 140 000 (Asia Pacific Observatory, 2018)[17]. Mais, d'un autre côté, nos enquêtes menées dans quelques hôpitaux ont montré que, vraisemblablement, le nombre de cadres infirmiers était relativement élevé. Ce phénomène est en partie expliqué par le *turn over*.

---

[17] Il est vrai que, dans les institutions de long séjour (*covered by Long term care Insurance - LTCI*), les AS étaient, en 2002, plus nombreuses que les Infirmières (38 319 contre 29 077). Mais à la faveur d'une augmentation inégale, ce n'est plus le cas en 2016. Les infirmières y sont au nombre de 70 210 contre 66 779 pour les AS.

En effet, les infirmières japonaises, comme la plupart des femmes japonaises, quittent le marché du travail quand elles se marient ou qu'elles ont des enfants. Comme la profession infirmière est essentiellement féminine (et au Japon plus qu'ailleurs), leur carrière professionnelle est courte. Comme nous l'a dit une infirmière interviewée en 2008, ces courtes carrières peuvent être vues comme un problème qu'il serait bon de résoudre : « *La Japanese Nursing Association est vue comme capable de conduire un effort collectif pour améliorer les conditions de travail de telle sorte qu'une infirmière qui a des enfants puisse continuer de travailler.* »

En attendant que ces efforts soient récompensés, le *turn-over* reste fort au niveau de chaque hôpital et, en conséquence, de nombreux cadres infirmiers sont nécessaires pour assurer la formation des nouveaux arrivants ; comme l'un d'eux nous l'a précisé : « *Il est difficile de motiver les jeunes infirmières à suivre ces enseignements [...] et elles sont trop jeunes pour être capables d'accomplir des tâches demandant des hautes compétences techniques.* » Il en résulte que la ressource potentielle que représente, sur le long terme, une infirmière est trop basse pour que l'hôpital investisse massivement dans ce capital humain. La formation sur le tas ou continue est donc relativement légère parce que toute l'équipe sait que les infirmières ne vont pas rester suffisamment longtemps pour rentabiliser cette formation.

De plus, la professionnalité des infirmiers est globalement héritée d'un temps où les soins étaient délivrés non pas en institution mais au domicile du patient et, souvent, avec l'aide de la famille. Une enquête, menée en 2012 (Mossé, Harayama, Boulongne, 2017) a confirmé qu'aux yeux des infirmiers japonais, la famille du patient jouait toujours un grand rôle. C'est pourquoi les managers comme les infirmiers eux-mêmes s'attendent à ce que ceux-ci orientent leur compétences vers les interventions de type *care*, c'est-à-dire des tâches « invisibles », telles que le conseil, le soutien psychologique, l'aide de proximité, le temps passé avec le patient au-delà de ce qui est rendu nécessaire par le soin au sens strict, etc.

En fait, ni les patients ni les médecins ne s'attendent à ce que l'efficacité technique soit le seul critère de performance de l'équipe hospitalière. Autrement dit, le soin (*cure*) n'est qu'un élément de la prise en charge. Et l'opposition entre les qualifications techniques et les compétences dites « relationnelles » est inexistante au Japon. Cette conception est en phase avec l'idée selon laquelle une action est toujours insérée dans un processus continu et de long terme qui, l'englobant, la justifie (Jullien, 1996). Toute interaction est, dans une certaine mesure, une histoire sans fin.

En conséquence l'infirmier « digne d'éloges »[18] est celui qui, correspondant à ces attentes, sera tout autant concerné par le bien-être de son patient que par la qualité technique de son acte. Ces *attentes réciproques* construisent donc des interactions de type domestiques non seulement avec le patient, mais aussi avec l'ensemble de l'institution hospitalière. Conformément à ce que décrit la théorie des économies de la grandeur (Boltanski et Thévenot, 1991), dans ce *monde domestique* l'efficacité ne

[18] Cette expression est tirée de la théorie des économies de la grandeur. Un acteur « grand » ou « digne d'éloges » est une personne dont l'activité est valorisée au sein d'un monde spécifique (Boltanski et Thévenot, 1991). Cette théorie recense six « mondes » ou « cités » qui reposent sur des valeurs et des compétences attendues différentes. Parmi ces mondes, trois sont dominants qualifiés de domestique, industriel et marchand.

dépend pas de la performance managériale mais de la qualité des relations interpersonnelles.

Une logique genrée

La « logique domestique » est également illustrée par le fait que nombre d'établissements hospitaliers sont dirigés par des médecins et non, comme en France, par des professionnels formés à la gestion et au management. Cela établit une relation de domination de genre qui vient renforcer les traditionnelles hiérarchies professionnelles ; d'autant que la profession médicale reste masculine à 80 %. Plus globalement, comme le management est conduit par des médecins, les critères de performance sont proches de ceux qui permettent aux médecins mâles de conforter leur domination sur une profession infirmière féminisée. Cette configuration tient l'infirmière éloignée des tâches les plus techniques qui restent dévolues aux médecins[19]. En retour, dans la mesure où ce comportement domestique est attendu par les patients eux-mêmes, il accroît leur confiance dans l'institution et dans ses professionnels. Dès lors, comment s'étonner que la qualité des repas servis dans les hôpitaux japonais suscite l'admiration des patients étrangers (*Huffingtonpost*, 2017) ?

Ces attentes croisées se renforcent les unes les autres. Et, sans que personne ne l'ait décidé explicitement, cette logique domestique se présente comme une donnée naturelle qui s'instille, se répand et s'installe sans rencontrer d'opposition majeure. D'ailleurs, la relation de type paternaliste entre les médecins et les infirmières est aussi le modèle qui prévaut, et avec plus de force encore, au sein

[19] Ce phénomène existe aussi en France, mais il est combattu par les infirmières. Dans ce but, elles mettent en avant leur légitimité à acquérir et à déployer des compétences spécialisées.

des *clinics*. La *clinic* est un petit établissement de moins de dix lits conçu sur le mode du médecin de quartier ; elle est dirigée par un médecin-propriétaire, ayant généralement exercé longtemps en milieu hospitalier et qui dispose d'un personnel féminin réduit et polyvalent.

Comme Boltanski et Thévenot le décrivent en termes généraux, l'analogie avec le milieu familial ne tient pas aux liens de sang ni à l'appartenance à un même territoire ou à un même ménage, mais à l'existence de relations de dépendance (Boltanski et Thévenot, 1991). Celles-ci se traduisent aussi par le fait que les infirmiers japonais travaillent souvent plus de cinquante heures par semaine (contre, statutairement, trente-cinq heures en France).

La conséquence principale est que la prise en charge est organisée sans que les tâches qui ne sont pas directement dictées par les impératifs du soin technique soient dévalorisées. En phase avec ce monde domestique, les qualités considérées comme « naturelles » sont vues comme supérieures. Ceci aussi rend difficile leur reconnaissance par l'institution ; notamment sous la forme de formation continue. Bien sûr, une certaine forme de formation continue existe au Japon. D'ailleurs, les hôpitaux, jadis réticents, s'y engagent peu à peu. Mais cette formation est le plus souvent organisée par la Japanese Nursing Association qui est particulièrement puissante dans les grandes villes et, notamment, à Tokyo. C'est sans doute la raison pour laquelle, parmi les quarante-sept préfectures[20], c'est dans celle de la capitale que le ratio Infirmier / Aide-Soignant est le plus élevé.

Toutefois, il arrive que les infirmières japonaises qui ont quitté leur emploi au moment du mariage reviennent

---

[20] Les « préfectures » ont été créées à la fin du XIXe siècle. La moins peuplée compte 700 000 habitants ; la plus peuplée, celle de Tokyo, 12 millions.

sur le marché du travail. Dans ce cas, elles cherchent un mode d'exercice compatible avec leur situation familiale. Certaines optent alors pour une pratique « d'infirmière visiteuse » au domicile des patients, qui leur laisse un peu plus de liberté et de temps libre. Il faut noter ici que le nombre de ces infirmières travaillant au domicile des patients reste très bas (22 / 100 000 habitants contre environ 130 en France). De plus, des entretiens menés dans un grand hôpital de Tokyo montrent que certaines reviennent comme travailleurs bénévoles (*volunteers*) dans l'hôpital qu'elles avaient quitté dix ou quinze ans auparavant ; elles conservent ainsi la maîtrise de leur temps.

Cette relation entre les infirmiers et l'hôpital est en phase avec un hôpital qui, au Japon, est ouvert sur son environnement immédiat[21] et où les patients les plus âgés peuvent attendre parfois plusieurs heures pour y acheter les médicaments prescrits par le médecin hospitalier et vendus à l'accueil.

Au final, il apparaît donc que, loin d'être une conséquence néfaste ou un « dégât » de la logique domestique, les DMS élevées constituent un paramètre essentiel de l'efficacité de l'hôpital japonais. Cette logique explique aussi pourquoi, contrairement à l'idée d'une standardisation universelle, la dispersion de ces DMS est très grande : « *Parmi les hôpitaux, et même après avoir éliminé l'influence des caractéristiques des patients et les effets de la classification des maladies, nous avons trouvé de grandes différences entre les durées de séjour* » (Nawata, 2009).

---

[21] Le terrain de l'hôpital et les passages entre ses bâtiments sont parfois empruntés par des piétons qui les utilisent comme des raccourcis commodes pour aller d'un point à l'autre du quartier. S'y trouvent des commerces, des restaurants et même, parfois, un bureau de poste.

On peut penser que l'introduction d'un système de financement nommé DPC et, comme les GHM français, copié sur le modèle américain des *Diagnosis Related Groups* (DRG)[22], affectera rapidement la DMS japonaise comme il a pesé sur la dispersion et la moyenne des DMS à travers le monde.

Ce changement est aussi lentement initié par la modification de la tarification. Depuis 2004, le prix de journée dépend, pour partie du ratio lit / infirmier. Or, compte tenu du risque de manque d'infirmiers, ceci conduira à une forme de concurrence économique entre les hôpitaux. Toutefois, cet ensemble d'incitations économiques n'aura d'influence réelle que s'il est accompagné d'une modification de la division du travail au sein des équipes hospitalières. Or, il n'est pas exagéré de dire que cette modification dépend de rapports de force qui dépassent le seul milieu hospitalier et concernent l'ensemble des rapports de genre dans la société japonaise.

Dès lors, au Japon, l'hôpital pourrait être le fer de lance de profonds changements sociétaux.

1.2.3. L'hospitalisation à domicile

Le terme même d'HAD, proche de l'oxymore, indique la porosité entre deux univers aux logiques différentes, voire traditionnellement opposées.

D'ailleurs, à la fin des années 1990, l'HAD était peu développée. Il a même fallu attendre 2013 pour que les statistiques sur la répartition des professionnels de santé selon le mode d'exercice créent une rubrique « HAD ».

---

[22] Sous le nom de *Diagnosis-Related Groups* (DRG), cette classification des séjours et des pathologies a pour but de fonder un système de paiement prospectif. Initiée aux États-Unis dès les années 1980, elle a inspiré dans le monde entier nombre de réformes du financement et, directement, les GHM français.

Une croissance spectaculaire

Les capacités et l'activité de l'HAD ont doublé entre 2001 et 2009, passant de 5 600 à 12 000. C'est à partir de 2004 que le nombre de places augmente fortement à la suite d'une ordonnance émise en septembre 2003. En effet, celle-ci supprimait le taux de change qui conditionnait la création de places en HAD à la suppression de lits d'hospitalisation complète : *« Comme pour l'hospitalisation partielle, cette évolution est principalement ressentie dans les disciplines de MCO et de soins de suite et de réadaptation (SSR) »* (Toulemonde, 2017).

En 2013, les SSR comptaient 7 800 ETP et 9 000 en 2016, tandis que cette même année environ 110 000 patients y étaient pris en charge pour une durée moyenne d'environ un mois.

L'HAD s'est donc révélée offrir un mode de prise en charge et de collaboration interprofessionnelle adapté. Les maladies chroniques, telles que le cancer ou le SIDA, touchent un nombre croissant de personnes dont l'espérance de vie augmente si bien que les hôpitaux ont dû s'organiser pour faire face à des besoins nouveaux. Une décision ministérielle de 2003 est donc venue (tardivement mais efficacement) conforter ce mouvement.

Tableau 4. Évolution de l'hospitalisation à domicile en France (2005-2017)

Années	2005	2010	2017
Nombre de structures	123	292	300
Nombre de journées	1 505 000	3 629 000	5 167 000
Durée des séjours	13,4 jours	15 jours	18,1 jours

Source : Agence technique de l'information sur l'hospitalisation (ATIH).

Aussi assiste-t-on depuis 2005 à une croissance soutenue de ces structures dont le tableau 4 donne un aperçu.

Elles marquent une inflexion de la logique uniformisatrice jusque-là dominante. En effet, d'une part, elles introduisent un peu de variété dans les pratiques et les statuts et, d'autre part, elles signent une ouverture de l'hôpital en direction de son environnement proche.

Ces structures correspondent donc bien à une demande toujours croissante de la part des malades, des médecins et des paramédicaux de pouvoir lier davantage les compétences hospitalières et ambulatoires. De plus en plus, il s'agit de formaliser ces liens tout en préservant l'autonomie et la liberté des intervenants ; c'est notamment le cas dans le cadre des associations régies par la loi de 1901 qui autorisent souplesse et multiplicité des statuts. Ces structures privées à but non lucratif représentent une forte proportion des structures d'HAD mais les structures « commerciales » ont vu leur part augmenter.

C'est le cas des soins donnés à domicile par des équipes infirmières en soutien de l'HAD. En lien avec les observations concernant les DMS hospitalières, il est à noter que les soins infirmiers à domicile ont été beaucoup plus développés en France qu'au Japon. Il faut dire que les infirmiers japonais n'ont pas la possibilité d'exercer en libéral ou en indépendant. En France la densité moyenne des infirmiers libéraux pour 100 000 habitants était de 131, alors qu'au Japon, la densité des infirmiers salariés travaillant au domicile et appelés « infirmiers visiteurs » n'était que de 22,7.

La moyenne française cache toutefois de fortes disparités géographiques : par exemple, la densité n'est que de 85 pour 100 000 en Picardie, alors qu'elle atteint 250 en région Provence-Alpes-Côte d'Azur. La diversité concerne aussi les modes d'exercice. En effet, certains infirmiers libéraux exercent en cabinet de groupe, d'autres dans des cabinets pluridisciplinaires, d'autres « en solo ». L'enquête menée en 2012 a montré que dans l'un des services de soins infirmiers à domicile (SSIAD) aucune des infirmières diplômées d'État (IDE) n'était salariée ; toutes étaient des infirmières libérales ayant passé des contrats individuels avec le service. Dans un autre, se trouvaient à la fois des IDE salariés et des IDE sous contrat. Dans l'un des services HAD, des IDE étaient salariés mais d'autres étaient libéraux sous contrat (Mossé, Harayama et Boulongne, 2017).

Des espaces professionnels en mutation

Cette diversité est cohérente avec l'idée d'un nouvel espace professionnel infirmier large et polymorphe, tel que les enquêtes consacrées au seul contexte hospitalier l'avaient déjà révélé et tel que les discussions sur le rôle et le statut des « Infirmiers en Pratiques Avancées » l'ont renouvelé.

L'enquête a aussi montré que les infirmiers avaient souvent connu une expérience professionnelle en tant qu'infirmier hospitalier avant d'opter pour l'exercice en ville. D'ailleurs, cette même enquête a confirmé que, pour la plupart, les infirmiers ont opté pour ce mode d'exercice afin d'échapper aux contraintes de l'organisation hospitalière. Ils restent toutefois attachés à la dimension technique de leur travail, pourtant objectivement moins prégnante qu'à l'hôpital.

On retrouve ici une théorie développée à propos du marché du travail qui distingue trois stratégies possibles dénommées *voice, loyalty* et *exit* (Hirschman, 1972). Selon cette théorie, en cas d'insatisfaction vis-à-vis de leurs conditions de travail et en fonction de leurs qualités propres ou de l'état de l'environnement, les salariés se trouvent devant un choix. Ils peuvent soit s'exprimer (*voice*), individuellement ou par le biais de l'action collective ; soit se soumettre (*loyalty*) en acceptant des conditions difficiles ; soit sortir (*exit*), jouer la mobilité et changer d'entreprise.

Du fait de leur recours plus facile et accepté à la stratégie de l'*exit*, les infirmiers français sont moins incités à modifier de l'intérieur leur environnement de travail. Selon cette analyse, et plus que leur situation objective, c'est cette liberté qui pourrait expliquer le désintérêt ou la défiance des français vis-à-vis des organisations censées les représenter ainsi que leur inquiétude vis-à-vis de l'avenir.

Les infirmiers, notamment libéraux, expriment leur crainte que soit remise en cause leur position professionnelle relativement privilégiée. Pour à la fois parer ce risque et améliorer leurs propres conditions de travail, certains infirmiers optent pour une organisation en réseau plus ou moins formel. Cette organisation leur permet, au niveau local, de limiter ou de maîtriser la concurrence qui se fait jour à l'intérieur du champ professionnel que constitue l'ensemble foisonnant de ces alternatives à l'hospitalisation. Potentiellement, elle leur permet de se positionner en interlocuteurs privilégiés au moment où les besoins nouveaux, par exemple la coordination des parcours de soins, se font jour.

De fait, les pratiques qui visent à se substituer ou plus encore à être en complémentarité avec l'hospitalisation complète se sont rapidement étendues et ce mouvement n'est pas près de se ralentir.

Les acteurs de l'hôpital, soumis à ce qui prend les traits d'une contrainte économique incontournable, développent des poches d'extension dans d'autres sphères, mais à proximité. Ils le font en innovant tout en mobilisant leurs compétences acquises et projetées. Dans cette stratégie la capacité à jouer du couple privé / public et de la tension entre l'intra et l'extra hospitalier s'avère décisive.

Mais le raccourcissement de la durée des séjours et le transfert d'une partie de la prise en charge en dehors de l'hôpital peuvent entraîner des discriminations en faveur des patients bénéficiant d'un contexte familial, social et économique propice. Cette évolution est d'autant plus dommageable que la figure du médecin de famille et le type d'exercice de proximité et polyvalent qui l'accompagnait disparaissent peu à peu. Non seulement le nombre de médecins généralistes diminue, mais une baisse de 6,8 % est à prévoir pour les années 2015-2020. Certes, du côté des médecins spécialistes, l'exercice libéral reste en progression (de 6,2 % pour les spécialités médicales et de 25,8 % pour les spécialités chirurgicales entre 2007 et 2015), mais ces médecins ne sont ni adaptés ni engagés dans les structures de l'HAD.

C'est l'une des raisons pour lesquelles la problématique des « aidants familiaux » se fait de plus en plus prégnante dans le monde académique comme dans le monde associatif ; la montée de la considération pour le *care* en est à la fois une illustration et le cadre. Mais, en attendant un véritable statut de l'aidant familial (en cours de définition), les constats sont assez inquiétants.

Il résulte de ces constats que, pour être correctement pris en charge, le patient doit se conformer au moule que l'hôpital et ses annexes constituent pour lui. Hospitalisé, le patient doit donc être docile et observant (*compliant*). Mais, une fois le séjour passé, il doit pouvoir et savoir se mouvoir à l'extérieur de l'institution hospitalière. Il est censé surmonter les obstacles du « parcours de soins ». Alors, ce même patient doit non seulement faire montre de mobilité, d'ingéniosité et d'autonomie mais aussi connaître ses droits. Certes un ensemble de dispositifs existe pour organiser ce parcours. Ainsi, sous le nom d'« équipes mobiles gériatriques », se sont mis en place des modes intégrés de prises en charge qui se sont développés grâce à une circulaire datant de 2007. Ces équipes sont en général rattachées à un service hospitalier et présentées comme un « maillon » central de la chaîne entre l'intra et l'extra hospitalier. Cependant, ce type de dispositif est loin de couvrir les besoins et leur inégale répartition territoriale en est le trait principal[23].

Dans ce contexte complexe, identifier qui doit payer quoi et à quel moment de la filière de soins devient crucial au plan social comme au plan économique.

1.3. L'ÉTAT PAYEUR ET CONSEILLEUR

Face à la diversité de l'offre, les modes de financement ont suivi en connaissant un double mouvement. D'une part, du point de vue de l'action publique, une forme de centralisation conduit l'État à peser fortement sur les

---

[23] En juin 2018, les huitièmes Journées des équipes mobiles en gériatrie ont été dédiées à l'évaluation de ces dispositifs.

équilibres financiers sans qu'il se donne toujours les moyens de peser sur les dynamiques à l'œuvre. D'autre part, des contributeurs qui étaient minoritaires ou marginaux (tels les mutuelles ou les patients eux-mêmes) voient leurs participations s'accroître sensiblement.

Dès lors, il serait sans doute utile de ne pas traiter de la même façon tous les types de dépenses hospitalières, puisque les sources sont différentes selon les objets ou les modes de contrôle et que les circuits de décision sont, eux aussi, différents. Qu'il s'agisse d'investissement, de fonctionnement, de recherche médicale ou de formation, les différentes dépenses n'engagent de la même façon ni les équilibres actuels ni les déséquilibres futurs.

Certes, la volonté de ne pas creuser les déficits publics n'est pas absente des motifs qui ont abouti à un mode complexe et pluriel de financement. Mais les attendus, comme les conséquences, de cette complexité doivent être trouvés dans le champ politique et social. En effet, ce qui pourrait paraître naturel ou largement dépendant de la mécanique financière est en réalité déterminé par des choix de politique et de santé publique parfois implicites, rarement partagés. Identifier les protagonistes des processus d'allocation des ressources hospitalières permet de montrer que la distribution des rôles est soumise à de fréquentes remises en cause. La maîtrise de la décision (plus ou moins décentralisée), le rôle de la Sécurité sociale (plus ou moins important), l'autonomie des directeurs (plus ou moins concédée), le concours des médecins (plus ou moins sollicité) sont autant de paramètres dont la combinaison est incertaine et imprévisible.

Certes, la logique du payeur qui, de façon légitime tend d'autant plus à peser sur les choix qu'il en finance les conséquences, produit ses effets propres. Mais il est difficile de dire si ce résultat est le fruit d'une stratégie délibérée ou l'effet d'ajustements progressifs à des contraintes externes. L'investissement hospitalier et la manière dont, de façon récurrente, il est nécessaire de le promouvoir, sont symptomatiques de cette hésitation entre tactique et stratégie.

1.3.1. L'investissement hospitalier : l'éternel retour

Dans la plupart des services publics et depuis le déclin des politiques keynésiennes, l'investissement est le « parent pauvre ». En effet, il souffre de nombreux défauts. Tout d'abord, la « rentabilité » de l'investissement ne peut pas être évaluée avec certitude dans la mesure où le critère de cette rentabilité ne peut pas être majoritairement financier. Il s'ensuit que les décisions d'investissement ne peuvent pas facilement être justifiées *ex ante*. Par ailleurs, l'investissement s'inscrit dans une logique de long terme dont les bénéfices (sociaux, de prestige ou médicaux) ne sont pas immédiatement apparents.

En France, compte tenu des lenteurs administratives ou de diverses contraintes, il n'est pas rare que plus de vingt ans s'écoulent entre la décision de construire un hôpital et son inauguration. Cette lenteur, conjuguée à l'incertitude inhérente à toute décision d'investissement n'incite guère les responsables à prendre des initiatives. Certes, la période des Trente Glorieuses n'a pas connu ce type de freins et, comme on l'a vu, la croissance, des équipements comme celle des bâtiments, était largement encouragée. C'est pourquoi l'investissement hospitalier a connu un rythme soutenu sans que l'État intervienne spécifiquement sur ce poste de dépense. Soit *via* l'autofinancement soit *via* l'emprunt, les hôpitaux trouvaient toujours les ressources nécessaires pour rembourser leurs prêts.

Plusieurs facteurs expliquent que, à partir du début des années 2000, la dette des hôpitaux se soit envolée, passant de 10 à 30 milliards d'euros entre 2002 et 2016. Selon la Cour des comptes -organisme administratif chargé de vérifier le bon usage de l'argent public- environ un tiers des établissements publics de santé était, en 2016, « en situation d'endettement excessif ». Cette situation leur interdit de contracter de nouveaux emprunts sans l'autorisation de l'agence régionale de santé (ARS). Elle est d'abord due au fait que, en période de ressources limitées, la tendance est de favoriser les dépenses de fonctionnement au détriment des dépenses d'équipement. En effet, les premières sont composées pour deux tiers des dépenses de personnel et il est difficile de les compresser, d'autant que les barèmes des rémunérations et leurs augmentations sont fixés au niveau national de façon uniforme.

Il en résulte que pour financer les investissements, les hôpitaux ne peuvent pas compter sur de l'autofinancement. Si bien que les quelque 8 % de ressources consacrées bon an mal an à l'investissement [24] n'empêchent pas une obsolescence structurelle des équipements et, plus encore, des bâtiments. Si, pour ce qui concerne les gros équipements (IRM par exemple), la pression des médecins est suffisante pour engager les dépenses nécessaires, il n'en est pas de même pour les murs. Plus exactement, cette obsolescence et cette vétusté seraient encore plus grandes si les hôpitaux et leurs directions étaient, en la matière, dépendants de leurs seules ressources propres.

L'exercice est tellement difficile que la crise financière de 2008 a révélé que plusieurs hôpitaux, avec la complicité ou par le truchement de banques internationales,

---

[24] Après avoir cru de 7 % à 10 % entre 2002 et 2009, le taux d'investissement des hôpitaux publics est retombé à 6 % en 2017. Dans les cliniques privées, ce taux a régulièrement baissé (de 10 % en 2006 à 4 % en 2016).

avaient contracté des « emprunts toxiques ». Parfois, le calcul du taux d'intérêt négocié reposait sur des formules si compliquées que l'opacité était la règle. Il en résultait que les taux d'intérêt pouvaient être variables, risqués (par exemple indexés sur le taux de change de l'euro) et très élevés.

C'est pour limiter ces risques tout en encourageant les investissements utiles ou *rentables* que, régulièrement, l'État lance des plans d'investissements volontaristes. Ainsi, l'État a lancé en 2007 puis en 2012, deux plans quinquennaux successifs destinés à financer des opérations d'investissement. Grâce à ces plans, l'investissement hospitalier a doublé pour passer de 3 milliards en 2002 à 6 milliards en 2010 soit une croissance annuelle de presque 12 %. L'écart avec la tendance antérieure est notable puisque les dépenses d'investissement n'avaient augmenté que de 5 % par an depuis 1980.

Ces plans consistent essentiellement à réserver un budget spécial pour des projets d'investissement spécifiques et ciblés. Comme l'indique un document émanant d'un rapport sur les comptes de la Sécurité sociale : « *Dans le cadre de l'offre de soins hospitalière, l'investissement répond non seulement aux exigences d'accès aux soins, de qualité et de sécurité des soins, qui sont assignées aux établissements de santé, mais également [...] favorisent des prises en charge et des organisations plus efficientes* » (Sécurité sociale, 2014).

Plus précisément, l'investissement hospitalier doit accompagner les transformations du contexte de ses interventions. Autrefois centripète, l'investissement se veut, désormais, orienté « hors les murs » : « *Il s'agit d'accélérer le virage ambulatoire du système hospitalier français pour arriver à des prises en charge plus courtes, plus intensives, moins invasives* » (Pisani-Ferry, 2017).

Concrètement, pour le plan hôpital 2012, les agences régionales ont reçu des projets d'investissement émanant de divers établissements situés dans leurs aires géographiques. Munies d'une grille fournie et précise de critères, essentiellement économiques, élaborée par le ministère de la santé, elles ont opéré leurs choix. Mais une étude spécifique menée dans deux régions a montré que les agences ont su s'émanciper partiellement des critères nationaux et ont pu favoriser des établissements qu'elles tenaient à développer. Illustrant la capacité des agences à alléger le joug imposé nationalement, les ARH ont pu subventionner ou adouber des projets d'investissement sans tenir exagérément compte de leur qualité intrinsèque et, notamment, de leur viabilité financière. Parmi les hôpitaux aidés se retrouvent nombre d'établissements publics de taille moyenne qu'il s'agissait de protéger des risques de déclin compte tenu, entre autres causes, de la concurrence locale avec des cliniques (Guerrero *et al.*, 2009).

Comme le résume de façon assez critique un rapport officiel : « *Dans la pratique, le nombre d'opérations a été augmenté tandis que les aides restaient au même niveau, déséquilibrant les opérations par un recours accru à l'endettement et suscitant un effet d'aubaine. Le plan H2012 s'est montré plus encadré dans son accès mais s'est largement évanoui en cours de route faute de financement. Au final, le doublement du montant de l'investissement hospitalier au cours de la période 2002-2012 [...] a notamment eu pour conséquence que le surcroît d'investissement a été financé par un recours massif à l'endettement* » (Aballea, 2013).

Ce même rapport conclu néanmoins et de façon assez traditionnelle qu'il « *reste néanmoins des opérations inéluctables à financer, mise aux normes de sécurité (désamiantage et mise aux normes parasismiques uniquement) ou vétusté devenant critique* » (*ibid.*).

Au-delà de ces investissements qualifiés *d'« inéluctables* », la plupart des décideurs partagent le constat selon lequel l'investissement n'est pas assez tourné vers l'appui aux opérations structurantes et la transformation de l'offre hospitalière. Dans cette optique, une nouvelle stratégie de soutien à l'investissement a été initiée. La procédure choisie reflète la tension, traditionnelle et structurelle, entre le niveau national et les régions.

D'un côté, sera privilégiée une allocation efficiente des aides sur les priorités régionales identifiées par les ARS. Mais de l'autre, les projets les plus importants seront soumis à un Comité interministériel ; et, au-delà de 100 M€, ils seront soumis à une contre-expertise indépendante du Commissariat général à l'investissement (niveau national). Il en résulte que la décision elle-même sort de la seule sphère hospitalière.

Ces relances s'insèrent ainsi parfois dans une politique qui concerne tous les secteurs et tous les niveaux de l'action publique. C'est dans cette logique que les contrats de plan État-Région (CPER) ont été mis en place dans les années 1980. Ils tiennent aujourd'hui une place importante dans l'aide à l'investissement visant au développement régional. C'est le cas pour le plan de transformation numérique de l'État, lui-même en phase avec la campagne 2015-2020 des nouveaux CPER. Comme s'en réjouit la Fédération hospitalière de France, sur les 9,3 Md€ prévus dans ce cadre, un peu plus de la moitié (4,9 Md€) concerne le seul secteur de la santé ; l'adaptation des équipements techniques et immobiliers hospitaliers concentrant les deux tiers de l'enveloppe. Par ailleurs, certaines régions envisagent d'utiliser ces sommes pour améliorer l'offre de soins dans des territoires sous dotés.

Tiré par les acteurs politiques locaux, avec à leur tête le maire et son Conseil municipal, poussé par les citoyens désireux de conserver un hôpital de qualité et polyvalent, l'hôpital apparaît ainsi comme privilégié, sinon protégé par la puissance publique. Comme on va le voir dans le paragraphe suivant, cette particularité concerne aussi la prise en charge financière des soins hospitaliers.

1.3.2. L'hôpital conforté

La montée en puissance de la Sécurité sociale dans le financement de l'ensemble des dépenses de santé s'achève dès le début des années 1980 pour se stabiliser autour de 75 %. Mais cette évolution ne touche pas toutes les dépenses de santé. Dans un contexte de fort accroissement absolu du financement des hôpitaux par la Sécurité Sociale, sa part a tendance à augmenter (elle est en 2015 de 92 %) ainsi que celle des mutuelles. En revanche, la part des autres financeurs (ménages, État et collectivités locales) diminue. Certes, les ménages participent au budget des hôpitaux publics, mais cette participation qui, en 1950, représentait 23 % des ressources, était descendue à 9,6 % en 1970. Elle atteint aujourd'hui 7,9 % (chiffre 2014). Plus remarquable sans doute, la part des financements par les ménages des cliniques et établissements de santé commerciaux a baissée de 29 % en 1950 à 10 % en 1980 avant de remonter à 19 % en 2015.

Au total le mouvement résultant de ces deux forces antagonistes est souvent présenté comme le signe d'un recul de l'État et de la Sécurité sociale. Cet aspect-là est d'ailleurs largement mis en avant dans les débats actuels sur la crise de l'État-providence. Il est alors question du désengagement massif de la Sécurité Sociale et de l'État. Les uns le regrettent, les autres s'en félicitent. Pourtant ce jugement ne vaut que pour une partie des dépenses de santé. Par contraste, le fort engagement de la Sécurité sociale dans le financement de l'hôpital n'en apparaît que plus remarquable. Ce phénomène est renforcé par l'évolution du nombre de personnes bénéficiant d'une prise en charge à 100 % par l'Assurance maladie. Ces assurés sont atteints d'une des trente pathologies relevant du statut juridique dit « affection de longue durée » (ALD). Ils étaient 10,4 millions fin 2016, ils n'étaient que 8 millions en 2008. Bien que la dépendance ne soit pas encore intégrée à ce dispositif, il s'apparente à celui que le Japon a institué sous le nom de *long term care*, mais il faut ici distinguer les postes de dépenses.

Par exemple, depuis 2000, la part de la Sécurité sociale dans le financement de l'hôpital semble avoir atteint un plateau autour de 90 %. Il faut toutefois noter que ce résultat a été obtenu alors que l'augmentation du « forfait journalier » a été, et demeure, sensible. Il s'agit d'un montant fixe par journée d'hospitalisation qui reste à la charge du patient hospitalisé. Créé en 1983, le forfait hospitalier est alors fixé à 4 francs. Après une série régulière d'augmentations, il atteint, en 2018, la somme de 20 euros. Depuis sa création, le montant du forfait hospitalier aura donc été multiplié par environ cinquante. Il s'agit bien d'un transfert de charge progressif de l'Assurance maladie vers les patients. Mais son effet est limité car il existe des exemptions, notamment pour les patients les plus pauvres et, de plus, il est souvent remboursé par les mutuelles (assurances complémentaire volontaires). Le contraste avec la médecine de ville est frappant.

En ville : l'inégalité négociée

Cette activité regroupe environ 50 % des médecins[25]. Ce sont, en général, des médecins libéraux ou indépendants dont la moitié exerce en solo et environ 10 % ont une activité dite « mixte », c'est-à-dire salariés (auprès d'une clinique ou d'un hôpital) et libéraux dans leur cabinet.

La part de la Sécurité sociale dans le financement des soins ambulatoires a connu un pic en 1977 (72 %) avant de diminuer régulièrement pour atteindre 63 % en 2016. L'activité libérale est rémunérée à l'acte, c'est-à-dire que ces médecins touchent des honoraires dont la tarification est fixée selon des accords nationaux (25 euros pour une consultation). Depuis 1980, les médecins exerçant en ville (et parfois simultanément dans des cliniques privées) ont la possibilité de choisir un mode de rémunération à l'acte qui leur permet des « dépassements d'honoraires ». Ce terme signifie que certains médecins ont la possibilité d'augmenter le prix de leur consultation ou de leur intervention (petites opérations chirurgicales, examens de radiologie, etc.) bien au-delà du tarif négocié et qui sert de base au remboursement de leurs patients.

Ce mécanisme est issu de négociations parfois âpres entre les syndicats de médecins, l'Assurance maladie et le ministère ; il est connu sous le nom de « secteur II ». La part des spécialistes exerçant en secteur II a régulièrement augmenté pour atteindre, en 2016 plus de 40 %. En revanche, le nombre total de médecins généralistes

---

[25] La répartition des médecins entre activité libérale et salariée est très dépendante de la spécialité. Ainsi, il y a moins de 1 % de médecins libéraux dans la spécialité « santé publique et médecine sociale », environ 6 % en gériatrie ; mais ils sont 60% en ophtalmologie ou en gynécologie (*Atlas de la démographie médicale*, Ordre des médecins, 2016).

diminuait tandis que celui des généralistes exerçant dans le secteur II restait faible (10 %) et stable. Ces médecins ont ainsi le droit de demander des « honoraires libres »… mais, comme le précise les conventions, avec « tact et mesure ». Enfin, une infime minorité de médecins n'ont aucun accord avec l'Assurance maladie, leurs honoraires sont totalement libres ; comme ils n'ont pas signé de convention avec l'Assurance Maladie, leurs patients ne sont pas remboursés. Malgré quelques tentatives pour limiter l'impact de ces pratiques sur le reste à charge (RAC) des patients, tel un accord signé en 2012, la somme totale des dépassements d'honoraires ne cesse d'augmenter. Par ailleurs, certains médecins, notamment spécialistes, demandent des compléments de rémunération connus sous le nom péjoratif de « dessous de table »[26]; de façon illégale et invisible, ils augmentent ainsi la contribution directe des patients.

Ces inégalités liées au pouvoir d'achat se doublent d'inégalités territoriales. Sans aller jusqu'à parler de « déserts médicaux », il faut noter que les écarts de densité médicale selon les régions sont relativement importants, notamment pour les médecins spécialistes (de 1 à 7,6).

C'est pourquoi deux lois, votées en 2015 et 2017, accompagnent un mouvement de fond, notamment en encourageant la création de maisons de santé pluriprofessionnelles (MSP) dans les zones où les médecins se font rares. Nées en 2010, leur nombre dépassait déjà le millier en 2017 ; notamment grâce à des cofinancements engageant plusieurs niveaux territoriaux. Ainsi, il n'est pas rare que les communes où elles s'implantent soient les premières parties prenantes et que, parallèlement, les conseils régionaux utilisent une partie

---

[26] Au Japon, où cette pratique est répandue, l'expression correspondante pourrait se traduire par « dans la manche ».

des CPER pour les subventionner. Mais ces MSP sont encore loin de combler tous les besoins.

Or, là où la densité de médecins est élevée, les déséquilibres entre les territoires favorisent l'induction de la demande par l'offre, c'est-à-dire cette capacité à créer, à l'instar du Dr Knock de Jules Romains, une demande qui excède le seul intérêt des patients. Faute de pouvoir contraindre les médecins à se répartir harmonieusement et pour éviter ces dérives, un accord a été signé en décembre 2011 puis affiné en 2012 et 2013. Il vise à introduire une prime versée en fonction d'objectifs de santé publique. Au nombre de vingt-neuf, ces objectifs sont classés en quatre catégories : organisation du cabinet, indicateurs de suivi, de prévention, d'efficience. Parmi ces derniers figure un encouragement à prescrire des médicaments génériques à la place des *princeps*. En cas d'atteinte totale des objectifs, la prime individuelle pourra s'élever à 5 000 euros par an. Le projet « Ma santé 2022 » présenté en septembre 2018[27], mise aussi sur une autre forme d'incitation : l'accès des médecins à l'aide d'un « assistant médical » sera possible sous conditions parmi lesquelles l'obligation d'exercer en cabinet de groupe.

Pour essayer de mieux réguler l'activité ambulatoire, au risque de l'opacité des prix et des coûts, les syndicats de médecins, l'Assurance maladie et l'État sont convenus de modifier le barème des consultations en différenciant les rémunérations. En conséquence, depuis 2017, les tarifs varient de 24 à 70 euros en fonction, par exemple, de la

[27] Ce projet intitulé « Ma Santé 2022, un engagement collectif » a été présenté en septembre 2018 par le Président de la République et les ministres concernées. Il comprend une cinquantaine de mesures qui visent à réformer un système de santé jugé « inadapté ». Son axe principal est de favoriser les coopérations entre professionnels et les coordinations entre structures.

« complexité » des soins ou des conseils prodigués par le médecin. Mais selon le « circuit » choisi par le patient son reste à charge peut être significatif. Pour y faire face, la quasi-totalité des français s'assure auprès d'organismes complémentaires.

En effet, le désintérêt de la Sécurité sociale pour le « petit risque » ou pour les biens médicaux (optique ou soins dentaires) a eu pour conséquence de faire des mutuelles des actrices peu à peu essentielles du remboursement des soins. En 1950, moins d'un tiers des Français avait adhéré à une mutuelle ; ils étaient environ deux tiers en 1980 ; ils sont 95 % en 2016. Ces assurances complémentaires sont essentiellement utilisées pour compléter le remboursement des soins ambulatoires (consultations médicales, médicaments, analyses, etc.) par l'Assurance maladie ; elles ne jouent pratiquement aucun rôle en ce qui concerne le remboursement des frais hospitaliers.

L'ONDAM : un indicateur-objectif

La tendance est donc claire et robuste puisqu'elle résiste aux réformes ou plans d'ajustement pourtant nombreux depuis trente ans : à la privatisation de fait du financement de la consommation médicale de ville fait face une collectivisation toujours plus solide du coût des soins hospitaliers.

On assiste durant toutes ces années à un jeu de balance entre ces deux postes de dépenses de santé. D'un côté, le financement de la consommation médicale hors hospitalisation est de moins en moins collectivisé, de l'autre, celui de l'hôpital l'est de plus en plus.

C'est donc dans ce cadre - celui de l'économie administrée - qu'il faut analyser les tentatives toujours recommencées de juguler l'inflation hospitalière.

Or, en France, depuis plusieurs décennies, le rôle de l'État consistait essentiellement à combler chaque année le déficit de l'Assurance maladie, notamment mais pas seulement, creusé par les dépenses hospitalières. Certes, dans le courant des négociations avec les partenaires sociaux, l'État intervenait pour participer à la fixation des tarifs et des augmentations tarifaires. Mais il ne disposait pas des outils d'intervention qui lui auraient permis de peser sur les volumes ; en conséquence, la maîtrise des dépenses lui échappait.

En la matière, diverses mesures ont été prises qui concrétisent la volonté interventionniste de l'État. Ainsi, depuis 1993, le budget de la Sécurité sociale est discuté au parlement. Et, depuis 1995, l'Objectif national des dépenses de l'assurance maladie (ONDAM) est voté par le Parlement sur la base de travaux d'experts. Par domaine (hôpital, ambulatoire, etc.) un pourcentage d'augmentation annuelle des dépenses est fixé et théoriquement ne peut pas être dépassé. Mais dans la réalité, et malgré quelques mécanismes d'ajustement comptables, personne n'avait la possibilité de réellement contrôler ces dépenses, notamment hospitalières.

C'est qu'en France, comme dans tous les systèmes de soins d'inspiration bismarckienne, la décision de dépenser ou non n'est pas dans les mains de l'acteur central (désormais le ministère, plus que l'Assurance maladie). Les décideurs sont les prescripteurs décentralisés que sont les médecins et, dans une mesure croissante, les patients.

C'est pourquoi, afin d'augmenter sa capacité à faire respecter cet objectif, le gouvernement a instauré en 2010 un système d'alerte au dépassement qui peut se déclencher trois mois avant la fin de l'année civile.

Depuis, l'objectif a été respecté alors que ce n'était nullement le cas les années précédentes. Il faut cependant préciser que ce respect de l'objectif est dû à un changement de stratégie politique. Les premières années l'ONDAM était fixé dans l'espoir de maîtriser les dépenses ; aujourd'hui il s'apparente davantage à une prévision qu'à un objectif. Tactiquement, il est préférable de présenter un objectif « réaliste ». Ainsi, la comparaison entre l'évolution de l'ONDAM et celle du PIB est éclairante. Alors que la croissance économique est quasiment nulle depuis 2010, celle de l'ONDAM a toujours été supérieure à 2 %. En 2017 et 2018, il a été porté à 2,3 % et sera fixé à 2.5 % en 2019.

Globalement, avec l'ONDAM, il s'agit plutôt de permettre à la représentation nationale d'être informée sur l'évolution des dépenses que de lui donner les moyens de peser sur les décisions et les choix stratégiques. Il est question par ailleurs de prendre acte du fait que la gestion paritaire (patronale et syndicale) est affaiblie pour de multiples raisons, au premier rang desquelles se trouve l'intrusion croissante et décisive de l'État et de son budget.

Malgré ces limites, cette intrusion constitue un progrès dans l'ordre de la logique. En effet, le contrôle de l'État se trouve enfin à la hauteur de son rôle financier. L'État était payeur ; il devient à présent conseilleur. L'équilibre entre les acteurs du système de soins s'en trouve bien évidemment modifié.

Cette modification s'inscrit dans une évolution de moyen terme qui tend à éloigner le modèle de protection sociale français de ses fondations qui datent de 1945. En guise de conclusion de cette première partie il est utile de préciser en quoi consiste cette évolution.

CONCLUSION DE LA PREMIÈRE PARTIE

Lorsqu'il s'agit de qualifier les régimes de protection sociale et, singulièrement, les logiques des systèmes de soins des pays développés, la distinction entre les modèles de Bismarck et de Beveridge est inévitable. Bien que concurrencée par d'autres typologies plus complètes ou plus sophistiquées (cf. Esping-Andersen, 1990 ou Hall et Soskice, 2001), cette distinction est la plus parlante (Mossé, 1998). Le modèle de Beveridge correspond à la logique civique de l'assistance ; il est financé par l'impôt et régulé par une administration puissante et centralisée. Celui de Bismarck correspond à une logique industrielle et assurantielle ; il est financé à partir des salaires des travailleurs et il est formellement géré par les « partenaires sociaux » (syndicats ouvriers et patronaux).

Dans le cas français, que l'on qualifiera de bismarckien, c'est le travail du Conseil national de la résistance et la forte personnalité de Pierre Laroque (conseiller d'État, ministre, résistant) qui, au sortir de la Deuxième Guerre mondiale, ont imposé cette politique volontariste.

Le travailleur sera au centre de ce dispositif. Il en sera donc naturellement à la fois le premier contributeur (*via* les cotisations sociales) et le bénéficiaire principal (en tant qu'assuré). Il est logique qu'il en soit aussi le gestionnaire et le garant. Comme les ressources viennent des travailleurs, les autres citoyens (les enfants et, à l'origine, les femmes) ne seront que des « ayants droit ». Notons que, au Japon, où le système instauré à l'ère Meiji (1867-1912) est lui aussi directement inspiré du modèle bismarckien, le ticket modérateur à la charge de l'ayant droit est longtemps resté supérieur à celui de l'assuré.

Au départ, les médecins français se sont opposés à cette réforme qui allait leur imposer des tarifs « négociés » et confier la gestion aux syndicats. Les médecins ont effectivement réussi à retarder de plusieurs décennies l'émergence d'une esquisse d'Assurance maladie (les premiers véritables tarifs conventionnés ne verront le jour qu'en mai 1960) et à maintenir leur haut niveau d'autonomie de décision. De plus, le mode de régulation étant très décentralisé, il n'est pas conçu pour que les ressources soient systématiquement allouées en fonction de l'intérêt général.

Enfin, comme le montre le succès des honoraires libres et des dépassements d'honoraires, le modèle bismarckien n'est pas incompatible avec le développement de pratiques marchandes, c'est-à-dire iniques.

C'est pour faire en sorte d'estomper ces zones d'ombre que le modèle a évolué. Ici comme souvent, la notion de *résistance au changement* n'a de sens que dans le discours de promoteurs maladroits. Ainsi, le modèle bismarckien est progressivement passé d'un paritarisme quasi pur à une dose de contractualisation (la deuxième partie de cet ouvrage montrera la forme qu'elle prend dans le contexte français).

La permanence des « crises » économiques et notamment celle de l'emploi a peu à peu amené le modèle bismarckien *à la française* vers une forme hybride qu'il conviendrait de nommer « néo beveridgienne » (Mossé, 2017). En effet, il adopte quelques traits du modèle de Beveridge tout en préservant une partie des dimensions bismarckiennes originelles. Ainsi, les partenaires sociaux sont toujours considérés comme les gestionnaires formels de la protection sociale. Cependant, les ressources issues du monde du travail (cotisations, contributions salariales et patronales) se raréfiant, peu à peu, impôts et taxes s'y substituent. C'est ainsi que la contribution sociale généralisée (CSG) a été introduite en 1991 par le gouvernement socialiste de Michel Rocard. Il s'agit d'une taxe que tout citoyen doit désormais payer et qui va notamment servir à financer l'Assurance maladie. Depuis, cette orientation a été suivie et renforcée. Ainsi, en janvier 2018, la CSG a été augmentée pour passer à 9,2 % tandis que la part salariale des cotisations d'Assurance maladie a été supprimée. En matière de financement, la prochaine étape pourrait être le rapprochement ou la fusion entre les budgets de l'État et celui de la Sécurité sociale.

Puis vient la volonté de faciliter l'accès aux soins (tiers payant généralisé), de l'universaliser au-delà des seuls travailleurs-assurés (création de la CMU pour les plus pauvres) et des seuls citoyens français (en 2012, retour à la gratuité de l'aide médicale de l'État), voire au-delà des seuls résidents.

Participant de cette mutation, les régimes spéciaux (fondés sur l'appartenance à des professions spécifiques), produits anachroniques du compromis avec le monde pré bismarckien, disparaissent peu à peu au profit d'une homogénéisation des droits et des devoirs des assurés quel que soit leur profession ou secteur d'activité[28]. Cette marche vers l'égalité est cruciale, sinon vitale, en ce qui concerne les régimes de retraite. Les rapports actifs / retraités sont en effet dangereusement déséquilibrés au sein, et entre, les dizaines de régimes actuels. La mutualisation permettra d'alléger un tant soit peu l'extrême difficulté de la tâche qui attend les réformateurs. Mais l'extension du champ du régime général est aussi nécessaire pour la couverture maladie. Elle contribuera à réduire les inégalités d'accès aux soins et, au-delà, à favoriser la cohésion sociale.

Enfin, dernier symbole du modèle bismarckien, la notion « d'ayant droit adulte » a été supprimée en 2015. En phase avec des revendications à visée émancipatrice plus large, cette décision revient à établir l'égalité entre les assuré(e)s, notamment d'un même ménage.

Toutes ces modifications, ces réformes, voire ces innovations, s'inscrivent dans un changement profond des positions relatives des acteurs institutionnels.

On verra dans une deuxième partie comment, à travers ces différentes adaptations, l'administration et le politique entendent jouer un rôle de plus en plus direct dans la gouvernance. Pour ce faire, la méthode choisie est de combiner une forme centralisée de planification et une forme décentralisée de contractualisation (Bellanger et Mossé, 2005). L'enjeu de ces deux processus, qui sont théoriquement contradictoires, est de faire respecter les missions diverses assignées aux hôpitaux, tout en associant les principaux acteurs à leur transformation.

---

[28] Ainsi, par exemple le régime des travailleurs indépendants et libéraux (RSI) concerne 5 millions de personnes dont de nombreux médecins. Depuis le 1er janvier 2018 ce régime spécial est fondu dans le régime général de la Sécurité sociale.

Mais les finalités institutionnelles ne sont pas toujours compatibles avec les objectifs professionnels ou avec les besoins des populations susceptibles d'être prises en charge. Précisément, l'un des objectifs assignés à la régulation est de créer les conditions de cette compatibilité en agissant moins sur la maîtrise quantitative de l'offre que sur le développement de son efficience et de son équité.

« *Entre dans la forme, sors de la forme et trouve ta liberté.* »

Cité par Nicolas Bouvier, *Journal d'Aran et d'autres lieux,*
Éditions Payot, 2001, p. 97.

« *Avec la maison de retraite, tous les âges de la vie étaient désormais pris en charge par l'État social, près d'un siècle après le percement, aux flancs de la Butte aux Cailles toute proche, des rues de l'Espérance et de la Providence.* »

Pierre Strobel (2006), *à la Santé*,
Éditions L'Escampette, 2006, p. 54.

PARTIE II

Planifier, contractualiser, mobiliser, manager

INTRODUCTION

Afin de construire sur le long terme, et selon l'expression consacrée, l'Etat et sa planification ont pour mission de rendre compatibles « *le temps des marchés et le temps des hommes* » (Chirac, 1996). Force est de constater qu'ils n'ont pas empêché le premier de dominer le second. Toutefois, dans le domaine hospitalier, après un temps où elle a été dénigrée puis délaissée, une forme de planification plus ou moins contraignante rencontre depuis les années 1990 un intérêt nouveau.

Pour comprendre le regain de la planification et son dépassement actuel, il faut revenir un instant sur son histoire qui est celle d'un échec relatif. Elle avait pris son réel essor dans les années 1960. Comme le rappelle un analyste éclairé de l'Action publique : « *Le modèle français de planification 'indicative' défini après-guerre était organisé autour d'une concertation entre l'État et les grandes organisations économiques et sociales, mise en place au niveau central* » (Gaudin, 2004, p. 71). Dès cette origine, la multiplication des consultations et des rapports a contribué à donner à la procédure planificatrice une place importante au sein du dispositif de régulation de l'économie en général et du champ sanitaire et social en particulier.

Dans le domaine hospitalier, la volonté était de créer et d'organiser territorialement un *système* à part entière. Le plan devait lui donner une cohérence et une hiérarchie *via* la définition de priorités, mais cette volonté n'a pas empêché que l'explosion de l'offre hospitalière (qui est le trait marquant de ces années) ait été très inégale.

On pourrait en conclure que la planification, par sa lourdeur, son approche technocratique et centralisée, n'était pas adaptée à la grandeur de l'enjeu. Elle n'était sans doute pas suffisamment armée face à la pugnacité des acteurs en présence, aussi bien sur le terrain que dans les ministères. Certains observateurs critiques ont d'ailleurs avancé cette conclusion pour attaquer le principe même de la planification. Selon eux, un peu plus de « laisser-faire », l'introduction d'une dose de concurrence et une confiance dans le marché auraient été hier et seraient aujourd'hui nécessaires à un meilleur fonctionnement de l'ensemble.

Pourtant, l'observation des modalités et des instruments de la planification, comme l'analyse de ses résultats, permettent de pencher pour une autre interprétation. Ce seraient plutôt les modalités et les relais de la planification et non le trop-plein d'interventions étatiques qui seraient en cause dans l'apparition des déséquilibres du système actuel. En effet, c'est davantage dans le choix des outils de la planification que dans son principe qu'étaient inscrits les relatifs échecs de la méthode centralisée. En réalité, pendant longtemps, des normes quantitatives et uniformes ont tenu lieu de régulation. La « carte sanitaire », instaurée en décembre 1970, était censée équilibrer les implantations et les agréments sur la base de mesures imposées. Mais - n'en déplaise à Procuste - elle n'a jamais tenu son rôle ; elle a été abandonnée en 2003.

Aujourd'hui, la planification et la régulation ont pris un autre tour puisqu'il s'agit de contrôler et de rationaliser l'offre. Par endroits, il s'agit aussi de la transformer tout en garantissant une croissance continue de la qualité et de l'accès aux soins. C'est la raison pour laquelle la notion de *territoire* est devenue centrale. Sur le chemin qui mène à l'équité, les inégalités territoriales sont un obstacle majeur ; les réduire constitue à la fois un objectif partagé et une source de conflits.

C'est donc essentiellement pour gérer ou éviter ces conflits, tout en orientant l'ensemble du système vers l'intérêt général, que la contractualisation a été mise en place puis généralisée. Compte tenu de la complexité de ces finalités, cela ne peut se faire qu'en associant étroitement toutes les institutions. Pourtant, l'échelon régional ne sera pas représenté par le Conseil régional (organe politique) mais par une agence *ad hoc :* l'agence régionale de l'hospitalisation (ARH)[29].

La planification s'appuiera désormais sur des contrats « emboîtés » depuis le niveau national (l'État contractualisant avec ses propres agences) jusqu'au niveau des établissements de soins où, en interne, des contrats peuvent être signés entre les services et la direction, voire entre le directeur et les médecins. Plans et contrats reposent essentiellement sur la volonté et les instruments d'une maîtrise de l'offre en relation explicite avec la demande et les besoins. Cependant, ces questions sont abordées sous un angle indirect et au travers d'enjeux qui, majoritairement, sont définis en termes économiques. La régulation se déroule ainsi sous des contraintes financières qui sont perçues comme d'autant plus incontournables qu'elles s'inscrivent dans un cadre nationalement défini, tel l'ONDAM.

---

[29] Dès 1993, le rapport « Santé 2010 » en préconisait la création sous le nom d'agence régionale de services de santé (Soubie *et al.,* 1993).

De ce point de vue, la situation actuelle est marquée par la concomitance de changements qui concernent et l'environnement de l'hôpital et son organisation. Il faut analyser ces deux transformations comme les deux faces d'une même politique visant à définir les conditions nouvelles du développement de l'hôpital.

L'enjeu que représente le nombre de lits hospitaliers (localement ou nationalement) et les débats autour de sa maîtrise sont significatifs des difficultés auxquelles se heurte la recherche d'une régulation qui se veut rationnelle (2.1). On verra ensuite dans quelles conditions le contexte de cette régulation s'est peu à peu transformé à l'ombre du nouveau management public (2.2) et comment il instaure le Projet en pivot censé articuler plans et contrats (2.3).

2.1. SE FOCALISER SUR LE NOMBRE DE LITS : UNE FAUSSE PISTE ?

Traditionnellement, l'un des principaux buts assignés à la planification est de tendre à l'équilibre entre les territoires, afin que les fruits de la croissance soient équitablement distribués. Mais avant que cet objectif ait pu être totalement atteint, il s'agit aujourd'hui de réduire globalement l'offre traditionnelle et de la diversifier tout en améliorant la qualité des soins et leur accessibilité. C'est dans les zones (géographiques ou professionnelles) considérées comme relativement surdotées que l'opération s'avère la plus douloureuse alors même que, toutes choses égales par ailleurs, des capacités excédentaires devraient s'y trouver le plus facilement. C'est que précisément les déséquilibres actuels sont dus à une forte pression historique venant d'acteurs multiples ; or, cette pression n'a pas de raison d'être plus faible qu'hier, d'autant que l'offre qui, dans un premier temps est une conséquence de cette pression, en devient, dans un deuxième temps, une cause. En effet, une fois un hôpital créé, il est difficile de revenir en arrière, sauf à démontrer non seulement l'inutilité mais aussi la dangerosité de son activité.

C'est pourquoi la densité - c'est-à-dire le nombre de lits divisé par le nombre d'habitants d'une zone ou d'un territoire donné - reste l'indicateur essentiel sur lequel se fondent les décisions en matière d'implantation ou d'extension et, en conséquence, les polémiques et les disputes.

C'est ainsi que, malgré l'évolution des pratiques de plus en plus tournées vers l'ambulatoire, les attendus des décisions concernant le développement local ou national du système hospitalier montrent que le nombre de lits offerts ou disponibles sur un territoire sert, dans presque tous les cas, de justification aux changements proposés.

Qu'il s'agisse de plaider pour la création d'unités nouvelles, de rénover des services existants, de justifier l'achat de matériel, de favoriser le recrutement de personnels, ou de « fermer des lits », l'argument principal est toujours fourni par la mise en évidence d'un décalage entre la « taille » et les besoins. Or, localement, le directeur de l'hôpital, les personnels, la population environnante, les responsables politiques, etc. tous les acteurs ont leurs raisons pour pousser à l'accroissement des capacités ou à leur maintien ; même lorsque l'intérêt général (qualité et sécurité, allocation optimale des ressources, etc.) demande à ce que cette capacité soit réduite. C'est sans doute cette posture qui conduit l'Institut de recherche et de documentation en économie de la santé (IRDES) à évoquer la « rétraction » qu'aurait connue le système hospitalier dans les années 2000 [30]. D'ailleurs, la

[30] Dans le but d'interroger cette notion de « rétraction », l'IRDES a organisé, en février 2018, un séminaire d'économie de la santé intitulé « Logiques de la rétraction de l'offre hospitalière en France depuis 2000 ».

planification, avec ses procédures et ses instruments, reste traditionnellement orientée selon cette vision ; mais la régulation va peu à peu s'en émanciper.

2.1.1. Les schémas régionaux d'organisation sanitaire (SROS) et leurs avatars

L'élaboration des premiers SROS, procédure de planification régionale mise en place au début des années 1990, illustre la polarisation sur les dimensions quantitatives du *pilotage*. Leurs objectifs étaient d'élaborer, en concertation et pour une durée de cinq ans, un plan indiquant les créations, les regroupements ou les changements nécessaires en matière d'offre de soins à un niveau régional.

2.1.1.1. Des Schémas à la stratégie

Les premiers SROS s'articulaient donc à l'antique carte sanitaire pour déterminer l'ampleur des équipements et des capacités par rapport aux besoins. Ces besoins sont calculés en ayant pour base la taille de la population de chaque zone géographique. La carte ayant défini les limites et le cadre, le SROS précise, sous forme de propositions déclinées au niveau de chaque établissement, les modifications possibles ou envisageables pour atteindre les objectifs fixés (suppressions de lits, transformations, etc.). À partir de 2004, le schéma prend le pas sur la carte qui disparaît en tant que telle.

À l'origine, les SROS étaient « opposables », c'est-à-dire contraignants, notamment pour les établissements qui auraient désiré maintenir leur capacité en dépit du schéma. Depuis la loi hôpital patients santé territoires (HPST) votée en juillet 2009, les SROS sont intégrés à des plans régionaux de santé et sont devenus « non-opposables ».

Cette expression très juridique signifie en fait que les négociateurs bénéficient d'un peu plus de latitude et d'autonomie. Car c'est sur cette base que les négociations s'engagent entre les directions des hôpitaux et les agences régionales. Afin d'inciter à un élargissement de leur champ d'action, cette même loi a transformé les agences régionales d'hospitalisation (créées en 1996) en agences régionales de santé (ARS). Celles-ci sont devenues compétentes sur l'environnement de l'hôpital (médecine de première ligne, secteur médicosocial). Les agences régionales sont donc devenues plus puissantes. Et si leurs liens avec les hôpitaux restent essentiellement formalisés par des contrats bilatéraux, ils doivent tenir compte des offres présentes sur le territoire.

En effet, à l'instar de ce qui se passe dans la plupart des services publics, c'est le contrat pluriannuel d'objectifs et de moyens (CPOM) qui résume les droits et devoirs de chaque hôpital. Peu à peu, la régulation se fait sur la base de l'écart entre, d'une part, les actions réellement mises en place par l'établissement et, d'autre part, les objectifs qu'il s'était fixés et qu'il avait affichés lui-même. Ce type de contrats a été peu à peu étendu à tout le secteur médicosocial. Devenu obligatoire pour la quasi-totalité des établissements de santé et médicosociaux, le CPOM est désormais un outil central de la régulation. C'est qu'il entend, notamment, rendre compatibles les impératifs gestionnaires (équilibre financier, etc.) et les orientations stratégiques qu'impose la rationalisation d'une offre territorialisée inégalitaire et de plus en plus diversifiée.

Il faut préciser ici que ces différents outils s'appuient sur des connaissances de natures très différentes. Certes, les directeurs d'hôpitaux, les médecins ou les responsables des agences régionales n'ont ni les mêmes savoirs ni les mêmes intérêts, mais les différences les plus grandes concernent le type de connaissances nécessaires à l'alimentation de cette kyrielle de documents, de constats, de préconisations, etc. Les SROS se trouvent à une extrémité du spectre des connaissances mises en forme pour la décision. En effet, ils sont en principe fondés sur une analyse de l'offre de soins et des besoins de santé. Pour la première, les données administratives (nombre et implantation des établissements, des médecins, etc.) sont l'essentiel. Pour les seconds, il s'agira de combiner des informations sur les consommations médicales, sur l'épidémiologie, la démographie, etc. Or, ces données proviennent de sources différentes dont les nomenclatures ou les zones géographiques ne se recoupent pas forcément. Un travail de mise en forme est donc nécessaire et, bien souvent, des études spécifiques doivent être menées pour créer une *information* qu'il faudra ensuite transformer en *connaissance*, c'est-à-dire partageable et intelligible par tous.

En 2016, pour marquer cette ambition nouvelle le SROS a été mué en schéma régional de santé (SRS), opérationnel en 2018. Toujours établi pour cinq ans, il voit son domaine étendu au champ du médicosocial et reste piloté par les ARS.

Concomitamment (en janvier 2016), le nombre de régions administratives a été réduit de 27 à 18, si bien que la gouvernance des ARS sera géographiquement étendue[31].

---

[31] En matière de santé publique, les orientations générales doivent être décidées au niveau national. Mais lorsqu'il s'agit d'adapter et de piloter une stratégie de santé publique, les régions, strates intermédiaires du « mille-feuille » politicoadministratif français, sont sans doute des espaces pertinents. Potentiellement, les acteurs s'y trouvent à égale distance de la nécessaire gouvernance de proximité et des non moins nécessaires régulations globales ; c'est dire que les régions sont au cœur des tensions entre intérêts locaux et intérêt général.

Pour ce faire, les ARS se sont dotées d'un outil complémentaire, le projet régional de santé (PRS), qui vise à intégrer tous les segments concernés par la santé des populations (santé au travail, environnementale, etc.) en lien avec l'offre (sanitaire, sociale, etc.) qu'il s'agit d'organiser en vue de l'améliorer. Les PRS en cours concernent la période 2018-2023.

Par exemple, les PRS des nouvelles régions Occitanie ou Auvergne-Rhône-Alpes égrènent tout au long de leurs quelque 300 pages un ensemble impressionnant de données, suggestions, orientations ou avis. Dans le cadre de la définition d'une politique ou d'une stratégie de santé, les PRS ont vocation à couvrir l'ensemble des missions, secteurs, activités, dont le pilotage est dévolu aux ARS.

« *Dans ce contexte, l'action de l'agence régionale de santé est incarnée par le projet régional de santé élaboré en concertation avec les acteurs de santé dans les régions. Il définit la stratégie régionale de santé, organise et programme sa mise en œuvre opérationnelle et fixe les ambitions et les priorités régionales de santé auxquelles contribuent, chacun dans son champ de compétence, l'ensemble des institutions et promoteurs pouvant intervenir dans la sphère du système de santé, domaine transversal par excellence* » (ARS Auvergne-Rhône-Alpes, 2018).

À l'autre extrémité de ce flot de connaissances se trouvent les contrats signés entre chaque hôpital et leur agence régionale. Ceux-ci sont théoriquement fondés sur des données détenues principalement par les hôpitaux. Or, ceux-ci n'ont pas toujours intérêt à révéler l'information sur leur activité réelle. Ni la qualité, ni la fiabilité, ni la cohérence de ces négociations ne peuvent être assurées sans qu'en amont soit établi un minimum de confiance entre les contractants.

Les connaissances échangées doivent donc s'inscrire dans le temps long dépassant largement les horizons de cinq ans généralement fixés par les contrats, les plans ou les schémas. Ici, la clef de l'efficacité réside dans la résolution de la tension entre la nécessaire transparence (sans laquelle aucune régulation équitable ou efficiente n'est possible) et le maintien d'une certaine asymétrie d'informations (garante de l'indépendance des établissements de soins).

La théorie de l'agence (Rochaix, 1989 ; 1998), qui est l'arrière-plan de ces réformes, demande à ce que le principal (ici la tutelle) incite l'agent (ici l'hôpital) à divulguer les informations sur ses performances, la qualité de ses services, etc. C'est pourquoi, depuis les années 1980, une grande partie de l'effort continu des tutelles consiste à développer le système d'informations hospitalières, sous le nom de projet, puis de programme de médicalisation des systèmes d'information (PMSI). Le PMSI et ses avatars visaient à inciter les hôpitaux à livrer de l'information standardisée (commune à tous les établissements et donc comparable) concernant leur activité. Adossés à ces informations normalisées, et selon les vœux de leurs promoteurs, les SROS (et aujourd'hui, les SRS) se doivent d'élargir le champ d'action qui était dévolu à la carte sanitaire.

Dans cette quête de l'harmonisation de l'offre, il est significatif et heureux que le terme de « taille » cède peu à peu du terrain à celui de « capacité ». Si le premier était adapté à la glorieuse époque des hôpitaux imposants, le second est plus en phase avec l'idée d'un hôpital au service de la population, disponible, proche et au périmètre d'intervention revisité. En effet, contrairement à la taille, le concept de capacité évoque l'aptitude, l'usage qui peut être fait d'une potentialité.

Il ne s'agit donc plus seulement de réguler le nombre de lits ou les équipements lourds, mais aussi le nombre de « places ». La notion de « place » a le mérite de prendre acte de l'évolution des pratiques hospitalières vers des prises en charge plus légères, alternatives et courtes, de sorte que ce changement de terme (« place » au lieu de « lit ») traduit une réalité et rend compte d'une évolution. Ce changement est en effet en cohérence avec le fort développement des hospitalisations de jour et des autres alternatives à l'hospitalisation ; l'offre doit s'estimer en places, puisqu'il s'agit d'accueil et non de lits d'hébergement classique. L'évolution impulsée par les lois des années 2000 contribue à accentuer cette tendance. Le passage au PRS n'émancipe pas la planification de sa vision quantitative, mais il permet d'élargir significativement le champ de la régulation et les tensions qu'elle doit réduire : privé / public, court / long séjour, ville / hôpital, etc. En France, sans l'émergence d'un acteur inédit, les ARH / ARS, une telle évolution aurait été impossible.

Ici encore, l'exemple japonais permet de montrer que d'autres voies existent et, notamment, que la hiérarchie des différents acteurs de la régulation n'est ni figée ni universelle.

2.1.1.2. La voie japonaise

Au Japon, la concertation et la négociation permettant d'élaborer l'équivalent des plans de santé et de soins au niveau des préfectures datent réellement d'une loi de 1985. Celle-ci fixe l'essentiel des objectifs et des procédures qui instituent le *Regional Health Planning*. Ce plan de santé est le produit d'une procédure emboîtée (ou multiniveaux) à l'origine de laquelle se trouvent les municipalités et qui est ensuite reprise et synthétisée au niveau des préfectures.

Dans cette négociation, le jeu des acteurs japonais est à la fois ouvert et encadré. Ainsi, à la différence de la France où l'Ordre des médecins n'intervient pas dans la définition des politiques de santé et laisse les syndicats catégoriels négocier, la Japan Medical Association (JMA) joue un grand rôle ; présente à tous les niveaux de négociation. Toutefois, son intervention est rarement virulente. D'une manière générale, les oppositions entre les différentes parties prenantes à l'élaboration des plans sont relativement faibles. Deux raisons principales expliquent cet état de fait.

D'une part, la tradition du « consensus » qui irrigue toute la société japonaise n'est pas qu'une posture idéologique ; elle se traduit au cœur-même des politiques sociales ou de santé. Elle explique d'ailleurs que les changements soient à la fois continus et de faible ampleur. Cette recherche du consensus combinée au pouvoir de la JMA, y compris au niveau local, explique que le conservatisme soit la règle et l'innovation l'exception.

D'autre part, l'essentiel de la régulation est réalisé au niveau national. Dans ce but, deux voies principales sont utilisées.

La première voie, d'ordre politique, consiste en la définition d'une finalité de moyen terme qui soit susceptible de rassembler tous les acteurs et qui mobilise leur énergie et leur stratégie de façon convergente. Ainsi, par exemple, depuis quelques années le défi que constitue le vieillissement exceptionnel de la population japonaise est présenté comme un problème à la résolution duquel tous doivent participer. C'est pourquoi, en 2016, le ministère de la Santé du travail et du Bien-être (MHLW) a choisi de titrer son rapport annuel *Consideration of a Social Model to Overcome Demographic Aging*. Vis-à-vis de la planification, un chapitre est consacré à la défense d'une conception régionalement intégrée (*regional cohesive so-*

ciety). Sa finalité est d'initier un changement de paradigme qui rende les personnes âgées capables de subvenir à leurs besoins tout en donnant un sens à leur vie. Cette politique s'inspire de l'idée de santé communautaire et vise à inciter tous les segments de la population à s'engager localement pour une cause nationale : « *Il est nécessaire de développer davantage des soins intégrés et de proximité* (Community based Integrated Care) [...] *Nous sortirons d'une société qui sépare les fournisseurs d'aides et les bénéficiaires pour entrer dans une société fondée sur la proximité et les caractéristiques de chaque localité où tous construisent et améliorent, ensemble, l'environnement local en donnant du sens à leurs vies. [Ainsi] une nouvelle conception du bien-être pourra satisfaire les exigences des temps qui changent.* » (MHLW, 2016).

La deuxième voie, d'ordre économique, prend la forme de négociations, parfois âpres, autour des modifications de l'échelle de tarification des actes (*fee schedule*). Celle-ci est utilisée comme un levier incitatif puissant qui oriente les comportements des médecins car ceux-ci, sont, comme en France, les principaux prescripteurs. C'est pourquoi la liste des actes et des tarifs qui leur sont associés est extrêmement précise et excessivement longue. Cette précision et cette longueur sont les résultats visibles du caractère serré, parfois tendu, des discussions. Elles sont aussi la marque de l'ambition d'orienter finement les comportements des professionnels et des structures de soins. Chaque acte est estimé en nombre de points, ce qui permet de dédramatiser les débats en évitant l'illusion monétaire. Ce système permet aussi, et surtout, de réguler les dépenses en agissant (à la hausse ou à la baisse) sur la valeur du point.

Cette liste est révisée quasi rituellement, tous les deux ans, au cours de réunions qui se déroulent sous l'égide du MHLW et qui rassemblent toutes les parties prenantes à l'exception des représentants de l'industrie pharmaceutique. De façon cohérente avec la finalité consensuelle affichée, le premier objectif de la dernière révision (effectuée en 2016) a été de créer des incitations à coopérer au niveau local. La plus importante facilite et encourage la transmission d'informations entre les établissements de soins, les professionnels de santé et les personnes âgées elles-mêmes ou leurs aidants.

D'autres modifications de tarifs concernent les modes de coordination au sein des hôpitaux. Elles tendent à promouvoir *« un système de soins intégré dans la communauté et à favoriser l'accès aux soins, la coopération et la répartition fonctionnelle entre unités hospitalières [...] des incitations au travail en équipe et à l'amélioration des conditions de travail sont mises en place grâce au recours à différents types de professionnels. »* (MHLW, 2016).

Ainsi pourvus d'un objectif, d'une finalité reconnue et d'un outil d'incitation effectif, les professionnels de santé sont conduits à se conformer à des directives qui sont d'autant plus suivies qu'elles ont été élaborées sur un fond à la fois démocratique et consensuel[32].

Comme on va le voir dans le paragraphe suivant, la trajectoire empruntée par la France accorde moins de place aux professionnels du secteur ou aux élus politiques et davantage aux experts.

---

[32] En France, le projet « Ma santé 2022 » prévoit, à terme, une mise à jour de la nomenclature des actes professionnels afin de *« ne pas favoriser des techniques ou des modes de prise en charge obsolètes ou moins efficaces. »*

2.1.2. Les agences : vers une régulation concertée

Parmi les institutions nouvelles que les ordonnances adoptées le 24 avril 1996 portant sur la réforme de l'hospitalisation ont introduites, les agences régionales de l'hospitalisation sont sans doute les plus importantes.

Des ARH aux ARS : construire une légitimité

Ces vingt-quatre agences dont les premiers directeurs, parfois qualifiés de « super préfets sanitaires » (Le Menn et Million, 2014), ont été nommés en Conseil des ministres en septembre 1996, ont notamment pour mission de coordonner les développements et les évolutions de l'offre hospitalière publique et privée. Mais parmi ses missions, celle qui retient le plus l'attention des législateurs concerne les restructurations. Plusieurs articles du Code de la santé publique de l'époque sont modifiés par les ordonnances d'avril 1996 et constituent autant d'armes incitatives ou contraignantes.

Ainsi, « *Chaque opération de regroupement ou de conversion, même simultanée, doit être assortie d'une réduction du nombre des lits ou des places autorisés.* » (Art. L.712.11). Conformément à la philosophie planificatrice, l'idée est de convertir en places les lits situés dans des zones où l'offre est jugée excédentaire. Par ailleurs, « *seuls peuvent être regroupés ou convertis [...] les lits ou places ayant fait l'objet d'une occupation suffisante et durable au cours des années qui précèdent la demande* » (*ibid.*). Autrement dit, il ne saurait être question d'entériner la suppression de lits fantômes.

En outre, « *Lorsqu'il est constaté que les taux d'occupation des installations, ou d'utilisation des équipements, ou le niveau des activités de soins [...] sont durablement inférieurs, pendant une période déterminée, à des taux [...] déterminés par décret, l'autorisation [...]*

donnée à un établissement, une installation, un équipement matériel lourd ou une activité de soins peut être retirée, totalement ou partiellement, par l'agence régionale de l'hospitalisation ou par le ministre chargé de la Santé » (Art. L. 712-17-1).

Enfin, l'agence peut inciter, et même théoriquement contraindre, des établissements à coopérer, voire à fusionner.

Les syndicats, qui les premiers se sont opposés à la création des agences régionales de l'hospitalisation sont ceux des directions sanitaires et sociales départementales et régionales (DDASS et DRASS) ; représentantes du ministère dans les régions et les départements, elles se sentaient dépossédées.

Outre les problèmes liés à la réorganisation des services et aux restructurations internes, la crainte majeure provenait de l'apparition d'un nouvel acteur nommé par le gouvernement en lieu et place du préfet qui, jusqu'alors était le responsable de l'action sanitaire et notamment hospitalière. Cependant, contrairement à ce qui a été avancé par certains syndicats, il ne s'agit pas de s'élever contre « *l'affaiblissement de l'État dans son rôle de garant de l'intérêt général* » (*Le Monde* du 6 avril 1996), d'ailleurs d'autres acteurs voient dans ces agences, non pas un affaiblissement de l'État, mais au contraire le signe d'une étatisation et l'enterrement de la décentralisation (Johanet, 1995).

La suite de l'histoire montrera que le jeu ne peut se résumer ni à une victoire des Jacobins ni à un triomphe des Girondins.

En effet, le parti pris délibéré de confier au niveau régional la responsabilité de cette politique, décidée au plan national, ne va pas sans problèmes ou conflits. Pour le pouvoir politique central, la tentation est grande de reprendre d'une main ce qu'il concède de l'autre. Symétriquement, les acteurs locaux ne sont pas toujours équipés en compétences et connaissances suffisantes pour mettre en œuvre ces politiques. De plus, ils ne sont pas toujours désireux d'en assumer la responsabilité. Par exemple, lorsque l'occasion d'intervenir dans la régulation régionale de l'offre hospitalière leur a été donnée, les Conseils régionaux (composés d'élus) ont été très peu nombreux à désirer jouer le jeu. Si les maires revendiquent leur présence à la tête des Conseils d'administration des établissements de leur commune, les élus régionaux ont moins d'appétence pour l'exercice. C'est que les premiers se posent essentiellement en défenseur de « leur » hôpital, alors que les seconds auraient, théoriquement, la lourde responsabilité de rationaliser l'offre régionale.

Il est remarquable de noter que la transformation, en 2009, des ARH en ARS ne soulèvera pas de critique notable tant le consensus autour de la nécessité d'une régulation qui intègre l'hôpital, la médecine ambulatoire et le médicosocial est, entre-temps, devenu fort. Dans ce consensus il faut voir le fait que les ARH avaient, peu à peu, obtenu une vraie légitimité. Les nouvelles agences ont donc en main nombre d'outils nécessaires pour assurer le minimum de mobilisation d'acteurs de plus en plus diversifiés. D'un autre côté, elles ont également à disposition les informations qui, potentiellement, les autorisent à piloter un ensemble de structures, de dispositifs et d'interventions variés. À l'appui de cette thèse, il faut noter que les ordonnances d'avril 1996 prévoyaient, en parallèle à ces agences régionales, la rénovation d'une agence nationale qui, depuis, n'aura cessé d'accroître son domaine de validité et sa légitimité.

Une agence experte

L'Agence nationale pour le développement de l'évaluation médicale (ANDEM) qui avait été créée en 1990, est transformée en Agence nationale d'accréditation et d'évaluation en santé (ANAES). Elle-même est devenue en 2005 la Haute Autorité de santé (HAS). Sa mission est triple. D'une part, elle doit produire et diffuser les référentiels de qualité élaborés par les professionnels. D'autre part, elle est chargée d'une mission d'évaluation en santé dans le champ hospitalier et ambulatoire. Enfin, axe nouveau, elle est chargée de la mise en œuvre de l'accréditation.

Parallèlement, l'agence régionale peut et doit jouer un rôle incitatif ou contraignant, en poussant les établissements récalcitrants à s'engager dans la procédure. En outre, l'Agence nationale d'appui à la performance (ANAP), créée en 2009, a notamment pour mission d'aider les établissements à améliorer le « service rendu aux patients ».

Pour mener à bien la politique d'accréditation, l'ANAES, et bientôt la HAS, est chargée « *d'élaborer avec des professionnels et des organismes concernés, selon des méthodes scientifiquement reconnues, ou de valider des référentiels de qualité des soins et des pratiques professionnelles fondées sur des critères multiples* » (Art. L 791-3).

La première procédure d'accréditation date de juin 1999. Elle visait à promouvoir la mise en œuvre de démarches d'amélioration de la qualité dans tous les établissements de santé. La deuxième version a débuté en 2005. Elle mesurait simultanément la mise en place de ces démarches et le niveau de qualité atteint ; adjoignant ainsi à l'évaluation de la procédure des indicateurs d'effectivité, sinon de résultat.

En 2018, c'est la quatrième version du référentiel (dite V.2014) qui est utilisée et appliquée par la HAS. Elle met l'accent sur l'amélioration de la formation des experts-visiteurs. Professionnels (médecins, cadres infirmiers, administratifs, etc.), ils effectuent les visites d'établissements et rédigent les rapports d'évaluation dans la perspective de la certification[33]. Misant moins sur l'hétéronomie que la précédente car reposant moins sur des référentiels externes, cette version et la procédure qui l'accompagne visent aussi à intégrer toujours plus la démarche au cœur du management. En amont de la visite des experts-visiteurs de la HAS, cette intégration est symbolisée par le fait que chaque établissement doit réaliser une autoévaluation. De plus, les démarches d'aujourd'hui bénéficient de l'apprentissage acquis au cours de la dernière décennie.

En aval, et conformément à cette logique, le résultat de l'évaluation et de l'accréditation fait l'objet d'une large publicité. Dans ce but une version courte du rapport établi par les visiteurs de la HAS est disponible sur le web, accessible à tous. Comme le précise la HAS : « *Mise en œuvre par la HAS, la certification est un dispositif d'évaluation externe obligatoire pour tout établissement de santé. Effectuée tous les 4 à 6 ans par des professionnels mandatés par la HAS, son objectif est de porter une appréciation indépendante de la qualité des soins des hôpitaux et cliniques en France. La HAS publie sur son site Internet les rapports de certification de l'ensemble des établissements de santé* » (HAS, 2018).

Ces agences ont vocation à élaborer des référents pour l'action et l'évaluation, dont la validité scientifique ne puisse être mise en doute. Elles construisent un maillage serré de recommandations et d'incitations. Entre elles, et entre les différents niveaux d'action et de réflexion, circule une grande masse d'informations (rapports d'activités,

[33] Question de vocabulaire, mais pas seulement, la « certification » concerne les établissements, « l'accréditation » concerne les médecins.

études, comptes rendus, etc.) qui donne à l'ensemble une cohérence et une solidité nouvelles par rapport aux instruments précédemment utilisés.

Pour certains acteurs, ces référentiels sont des carcans. Mais lorsqu'ils sont utilisés comme des cadres pour l'action, ils diffusent dans tout le système de soins une attention à l'intérêt général et une « culture » de l'évaluation. Il en résulte que tous les acteurs sont amenés à se doter des connaissances nécessaires à l'alimentation des négociations et des contrats qui en sont souvent l'aboutissement.

Chemin faisant, le langage, dont « efficience » devient le mot pivot, est lui aussi partagé. Les interventions de la HAS et l'image qu'elle veut donner d'elle-même confirment cette évolution : sa devise, aux allures de mantra est désormais « Contribuer à la régulation par la qualité et l'efficience ».

Dans ce but, ses missions et ses fonctions, tout en restant du domaine de l'expertise - c'est-à-dire des avis et recommandations - n'ont cessé de s'élargir. Elles intègrent aujourd'hui toute la chaîne des évaluations, notamment médico-économiques. Elles prennent la forme de « bonnes pratiques ». Ces bonnes pratiques, fondées sur l'*Evidence-Based Medecine* (EBM) circulant entre hôpital et médecine ambulatoire, les contenus techniques des séjours et des consultations externes se rapprochent de ceux des séances de médecine de ville. Les conséquences concrètes dépendront bien entendu de l'ampleur des incitations qui seront attachées à la procédure. Mais dans tous les cas le sens de la diffusion des normes est modifié.

De ce point de vue, certains médecins insistent sur le fait que l'EBM repose sur de la science souvent expérimentale et donc éloignée des conditions d'exercice en « vie réelle ». Force est de constater que, dans la plupart des spécialités médicales, l'impact de l'EBM est tangible. C'est dans ce but que la HAS diffuse ses recommandations sous forme de documents pédagogiques et détaillés. Dénommés fiches points clefs (FPC), ces documents sont disponibles sur internet. Il est indéniable que, comme le proclame la HAS elle-même, ces outils contribueront à « *la régulation par la qualité et l'efficience* ».

De cette évocation du travail des agences, il appert que ce n'est pas le poids de l'État qui est en cause mais la modalité dominante de l'intervention étatique. Elle s'éloigne de la déconcentration et d'une approche technicienne ou administrative. À la régulation par la hiérarchie, l'administration et les ressources financières s'ajoute et, peu à peu, se substitue une régulation par les pairs et les experts. Celle-ci ne sera effective que dans la mesure où ces acteurs, ainsi placés au centre du dispositif, joueront le jeu.

C'est pourquoi cette nouvelle régulation ne pourra donner son plein rendement que si elle s'appuie sur les valeurs auxquelles adhèrent les protagonistes. C'est de cette tension que rend compte l'expression de « nouveau management public ». Elle qualifie un ensemble de techniques de gestion qui vise à appliquer au secteur public des pratiques importées du monde marchand ou industriel (notamment l'évaluation des performances) tout en préservant ou en confortant les valeurs du service public (comme l'équité et l'intérêt général).

2.2. Du bon usage du nouveau management public

Contrairement à ce que le débat public pourrait laisser penser, les réformes s'inscrivent dans une démarche dont les attendus sont moins comptables qu'organisationnels et économiques. Puisque l'efficience en est l'horizon, il s'agit bien de concilier les objectifs de qualité des soins avec les nécessités de l'équilibre budgétaire de chaque hôpital et de l'ensemble du système.

Pourtant, l'effectivité de ces réformes se heurte à des difficultés que les promoteurs qualifient, souvent et à tort, de *résistances au changement*. À tort, car les mécanismes à l'œuvre sont plus complexes. Ils engagent des visions certes contradictoires, mais qu'on ne peut pas, sans les caricaturer, résumer à une quelconque querelle des anciens et des modernes. Ce sont bien plusieurs conceptions de l'hôpital de demain qui sont en concurrence. Elles s'affrontent sur les intentions des réformes et, de façon plus décisive encore, dans le cours de leur mise en œuvre. Deux exemples complémentaires peuvent être donnés de ces conceptions. Le premier concerne l'organisation interne (2.2.1), le second les modes de financement (2.2.2).

2.2.1. À la recherche de la « bonne » organisation interne ou l'impossible panacée

L'hôpital a longtemps été considéré comme le parangon, l'exemple-type, de la « bureaucratie professionnelle », car fondé sur une double hiérarchie médicale et administrative. Pourtant, il n'est pas très éloigné d'une organisation « divisionnelle » dans la mesure où les activités sont organisées en domaines relativement étanches. L'hôpital est en effet composé d'unités, de services, de départements et, depuis 2007, de pôles. Or, les coordinations entre ces niveaux, qui se réalisent traditionnellement sur le mode hiérarchique et administré, ne sont pas des plus efficaces (Vallejo *et al.*, 2015).

Unités, services, pôles

Jusque dans les années 1990, l'organisation était fondée sur des services eux-mêmes divisés en unités de soins de dix à vingt lits. Répartir les personnels tout en réajustant les effectifs en fonction des taux d'occupation des lits était difficile. Les mobilités, même transitoires, d'un service à l'autre se heurtaient au sentiment d'appartenance des professionnels à un service plutôt qu'à l'organisation hospitalière. Cette organisation, cloisonnée et fondée sur la spécialisation des services, justifiait que des lits restent vides pour parer à toute augmentation du nombre de patients dans la spécialité correspondante. Situé en aval de l'entrée en service d'urgence, ce phénomène est l'une des causes persistantes de l'engorgement aux urgences. Il a fait dire que *« vouloir réduire l'encombrement des services d'urgence nécessite de s'intéresser autant aux flux de sorties qu'aux flux d'entrées »* (Mossé, 1996).

De plus, le chef de service était nommé à vie selon une procédure qui lui donnait tout pouvoir y compris sur les autres médecins. Par exemple, être désigné par le chef de service pour diriger une unité était souvent considéré par l'heureux élu comme un adoubement et une promesse de promotion.

Certes, la stabilité des équipes permettait d'accroître l'expérience et les compétences du service, mais c'était au prix de la soumission à l'autorité d'un chef vite appelé « mandarin ». Ce schéma, dominant dans les CHU, était justifié par la haute technicité des soins ; les liens entre les différents services étant traditionnellement très faibles, d'autant que la concurrence pour l'accès aux ressources (humaines, technologiques ou architecturales) était régulée entre chefs de service sur le mode du donnant-donnant.

Comme il se doit, en conformité avec le principe du « lit de Procuste » de la standardisation et de l'homogénéité formelle, cette organisation était la même dans tous les établissements publics.

Mais lorsque ce découpage s'est avéré être un obstacle à la rationalisation, il est devenu d'autant plus nécessaire de modifier l'organisation que, dans le même temps, l'importance des activités médicotechniques, naguère périphériques, allait croissant. Sous le prétexte de réaliser des économies d'échelle, une première tentative de regroupement de services a été lancée en 1984 sous le nom de « départementalisation ». Elle était destinée à supprimer les services pour les fondre au sein de structures plus grandes à l'intérieur desquelles aurait été organisée la répartition des personnels soignants. Trop tôt mise en œuvre, maladroitement annoncée, exclusivement perçue comme une arme dirigée contre le pouvoir médical, cette réforme a fait l'objet d'attaques violentes de la part des chefs de service organisés en un syndicat créé pour l'occasion ; elle a fait long feu.

C'est pourquoi, en 1991, une nouvelle rédaction de l'article L6.146-8 du Code de santé publique accordait aux hôpitaux une relative latitude pour définir leur propre organisation. Bien que connu sous le nom d'« amendement liberté », ce levier n'a pas vraiment été saisi.

Dès lors, dans les années 2000, avec le passage de l'efficacité à l'efficience et la diffusion de la culture économique au cœur même des connaissances et des pratiques, il paraissait opportun de remettre l'ouvrage sur le métier. La formule des pôles, tout en reprenant l'essentiel des objectifs de la départementalisation, avait plus de chance d'aboutir. Les pôles sont en effet constitués par le regroupement de services existants et, donc, conservés. Ces groupements sont généralement effectués en fonction d'une logique médicale (pathologies, parcours de soins, etc.) ou logistique (regroupement de services médicotechniques). Les chefs de pôles sont nommés par le directeur sur proposition de la Commission médicale et la durée de leur mandat est de quatre ans (renouvelable). Ce découpage est souvent présenté comme réalisant un arrangement acceptable entre les différents pouvoirs (administratifs et médicaux, notamment).

Toutefois, le bilan de la mise en place des pôles est mitigé et surtout très contrasté selon les établissements. Selon un rapport ministériel de 2014, « *La grande majorité des décideurs des hôpitaux ne fait état d'aucune difficulté sur la pertinence de l'organisation en pôles, à l'exception de certains établissements disposant d'un budget limité (inférieur à 30 millions d'euros environ) ou comptant moins de quatre pôles pour lesquels le regroupement des services en pôles apparaît moins pertinent compte tenu du nombre réduit de structures internes à la base* » (Domy *et al.*, 2014).

La mise en place des pôles révèle donc une grande variété de situations, y compris au sein d'une même catégorie d'hôpitaux. Cette diversité concerne surtout la nature des contrats qui doivent être désormais signés entre la direction et les pôles. Ainsi, la délégation effective de gestion (de la direction vers les chefs de pôle) reste minoritaire ou appliquée à des domaines restreints. Les auteurs du rapport concluent : « *la* [*direction*] *des hôpitaux est donc confrontée à une situation paradoxale qui revient à vouloir donner une plus grande autonomie, facteur de dynamisation et d'attractivité à exercer des responsabilités et à ne pas prendre de risque quand elle-même est de plus en plus soumise à la contrainte de la tutelle* » (*ibid.*).

Ce constat, qui pointe la tension traditionnelle entre autonomie et contrôle, vaut sans doute pour toutes les interfaces des différents niveaux de la régulation depuis le ministère jusqu'aux chefs de service en passant par les chefs de pôle et les ARS.

C'est précisément ce type de considérations qui amène progressivement les gestionnaires hospitaliers, aidés en cela par des experts en organisation, à modifier les découpages internes, à accentuer les relations concurrentielles entre services et le poids des objectifs de rentabilité.

Dans ces nouvelles structures, que les réformes successives tentent d'imposer au détriment des hiérarchies en place, l'aspiration à l'autonomie et à la responsabilisation passe par l'organisation du travail ; jadis, autour de « centres de responsabilité » et, aujourd'hui, autour des pôles. Leur configuration rappelle celle des « centres de profit » que l'on trouve dans les entreprises marchandes.

Concurrence versus responsabilité

En créant artificiellement - c'est-à-dire en dehors de toute pression du marché - un effet de concurrence entre services, bientôt entre personnes, l'hôpital affronte les inconvénients de cette stratégie déjà observée dans le secteur marchand (un climat social dégradé) sans en avoir les avantages (efficience accrue) puisque la sanction du marché est, par construction, absente. Certes, une forme de concurrence existe *via* la capacité d'attirer et de garder des professionnels en quantité et en qualité suffisantes. Mais sur ce registre aussi, la marge de manœuvre de l'hôpital reste relativement limitée.

Il en ressort que, pour être considéré comme une entreprise à part entière, l'hôpital devrait posséder une autonomie dont il ne bénéficie pas toujours. Cependant, même dans cette configuration, et compte tenu des interactions entre les différents intervenants du système, il est probable que l'efficacité globale du système de soins serait compromise. En effet, la plupart des économies réalisées par un élément du système se traduisent, le plus souvent, par une perte au niveau collectif.

Dans cette perspective, la réflexion doit porter sur les conditions d'un développement qui réalise l'équilibre entre des tendances aux conséquences sociales parfois antagonistes. Dès lors, il est nécessaire de distinguer quatre voies de développement possibles.

La modalité finalement privilégiée dépendra du degré d'intégration de l'hôpital dans son environnement et aussi du degré de considération pour le rôle social que l'hôpital veut, ou peut, tenir localement. C'est dire à quel point la diversité est la règle.

La première de ces modalités est la croissance homothétique qui est surtout fondée sur l'accroissement des activités préexistantes à périmètre constant. Outre le fait que cette stratégie se heurte aux contraintes de l'économie et de la planification, une telle croissance ne peut s'opérer qu'au prix de quelques sacrifices. En effet, elle accélère la rotation des malades et la pression sur les personnels médicaux et paramédicaux aura pour conséquence une prise en charge de plus en plus technicisée, sinon déshumanisée.

La deuxième modalité consiste en l'intégration de pratiques nouvelles, originales, voire naguère marginalisées. Il en est ainsi des médecines alternatives et complémentaires (MAC). Ainsi, de plus en plus de thérapeutes hospitaliers font en sorte que leurs pratiques (hypnose, médecines « chinoises », Shiatsu, acupuncture, etc.) soient reconnues comme efficientes. Cette complémentarité est symptomatique du type de concurrence en cours dans ce champ. Selon l'Organisation mondiale de la santé (OMS), il conviendrait, en effet, que ces pratiques restent à l'intérieur des limites définies par la nosologie médicale.

Paradoxalement, c'est donc de leur allégeance à la médecine conventionnelle que dépendra le succès des MAC.

La troisième modalité est le développement par ajout de missions nouvelles. Ainsi, des tâches peuvent être intégrées alors qu'elles étaient auparavant repoussées aux frontières extérieures de l'organisation, voire pilotées par des organismes à vocation nationale. Par exemple, depuis le début des années 2000, la prévention tend à devenir une fonction hospitalière. La justification de ces initiatives est souvent pragmatique ou stratégique. Il s'agit alors de pallier le manque de médecins libéraux dans l'environnement immédiat ou de compenser le manque de ressources provenant des activités de soins classiques. Ces deux caractéristiques sont souvent celles des Centres hospitaliers (hôpitaux locaux de petite taille), c'est pourquoi ils sont précurseurs en la matière (Dodet, 2007).

Enfin, le quatrième mode de développement repose sur l'externalisation d'activités traditionnellement réalisées au sein des hôpitaux mais qui n'en constituent pas (ou plus) le cœur. Il s'agit alors de choisir les activités qui doivent être réalisées sous forme de sous-traitance par des structures publiques ou privées ou acquises sur le marché concurrentiel.

Les hôpitaux connaissent et organisent donc des formes ambivalentes de diversification. D'un côté, des fonctions nouvelles sont intégrées dans des métiers anciens, mais de l'autre, l'organigramme se voit allégé de tâches qui, il y a peu encore, étaient réalisées dans l'établissement par des personnels hospitaliers. Ainsi, il n'est pas rare de voir des infirmiers assurer eux-mêmes la maintenance de leur matériel, tandis que de plus en plus de personnes qui travaillent quotidiennement dans les hôpitaux dépendent d'entreprises extérieures. Le plus souvent, l'externalisation des tâches concerne essentiellement des fonctions techniques et aux contours définis. Mais le mouvement qui consiste à sous-traiter à d'autres établissements ou en partenariat des activités plus proches du soin traditionnel est en route.

Les attentes et les conséquences en matière d'emploi, de coûts ou de place de l'hôpital dans son environnement local seront fondamentalement différentes selon le dosage choisi entre ces quatre modalités. Dosage choisi ou plutôt de fait, car il existe des contraintes économiques qui pèsent non seulement sur le directeur et l'administration mais aussi sur l'ensemble du personnel médical, paramédical ou technique.

C'est pourquoi le financement des hôpitaux et les nombreux changements qu'il connaît sont significatifs des efforts, toujours renouvelés, pour trouver la *bonne* façon de réguler l'hôpital public.

2.2.2. À la recherche du « bon » mode de financement : l'impossible panacée

Depuis des lustres, le financement des hôpitaux fait l'objet de révisions, de modifications, voire de « refontes ». C'est que le changement de modèle économique possède en lui-même une vertu. Il permet de ne pas figer les rentes de situation que, fatalement, chaque mode de financement engendre.

Avant d'évoquer le mode qui prévaut aujourd'hui, il est nécessaire de tracer brièvement l'historique des modalités abandonnées mais qui, en leur temps, avaient été présentées comme des panacées. On verra que cette succession semble faire précéder la solution au problème. En l'absence de réelle évaluation de la modalité qui la précède, celle qui suit apparaît mobilisée parce que disponible et non parce qu'elle serait opportune ou pertinente. La période qui s'ouvre, moins timorée vis-à-vis de l'évaluation, pourrait, dans le *bon sens*, changer la donne.

2.2.2.1. Financer c'est inciter

Le financement par le prix de journée, dominant jusqu'au début des années 1980 dans les secteurs public et privé, était d'une certaine façon efficace. Son caractère naturellement inflationniste combiné à un contrôle administratif lâche avait permis la croissance rapide de l'offre hospitalière. Mais son usage s'est assez vite révélé pervers. Poussés par une forme de concurrence mimétique, les hôpitaux se lancèrent dans une course à l'équipement lourd qu'il était facile de rentabiliser en multipliant les séjours ; le tout sans lien avec les besoins de santé des populations.

Un « taux directeur » a bien été instauré qui fixait, nationalement, l'augmentation du prix de journée qu'il ne fallait théoriquement pas dépasser, mais il n'a été suffisant ni pour maîtriser la croissance globale, ni pour freiner l'inflation, ni pour limiter les iniquités entre les territoires.

La nécessité de changer de mode de financement s'imposait donc autant pour des raisons comptables que sociales. À partir de 1986, la formule du budget global (ou de la dotation globale) apparaissait alors comme une solution disponible.

Ce budget global a été uniquement appliqué au secteur public et aux établissements privés à but non lucratif participant au service public hospitalier, les cliniques conservant le prix de journée. Un des défauts majeurs de la procédure de financement était que le budget de chaque hôpital était calculé sur la base de ses dépenses constatées l'année précédente. Il consolidait alors la situation des hôpitaux préalablement « dépensiers » au détriment des « économes ».

De plus, devant l'impossibilité de laisser durablement un établissement en déficit, les rallonges budgétaires plus ou moins arbitraires étaient devenues la règle. Enfin, le fait que les deux secteurs, public et privé commercial à but lucratif, n'étaient pas financés selon le même mode, ne pouvait que favoriser les jeux stratégiques, le partage de clientèles et une inégalité territoriale maintenue sinon accrue.

C'est pourquoi, dès la fin des années 1990 il est apparu nécessaire de changer une nouvelle fois la règle du jeu du financement ; cette fois en calquant les recettes sur l'activité.

Le financement à l'activité

Introduite en 2004 dans le cadre du plan hôpital 2007, la tarification à l'activité (T2A) change à nouveau la base du financement. Techniquement la T2A, qui a été généralisée pour le court séjour (MCO) en 2008, s'apparente à une rémunération à l'acte. Aux dires du ministère, c'est pour ajuster au mieux *« le dispositif aux besoins et aux attentes des établissements »* (DGOS, 2017) que le mécanisme de montée en charge de la T2A dans les hôpitaux publics a été aligné sur la tarification des cliniques privées. Depuis, les activités de MCO sont valorisées à 100 % des tarifs. Ces tarifs sont fixés sur la base des coûts moyens observés à l'occasion d'enquêtes annuelles (Étude nationale de coûts) réalisées dans des établissements témoins (Moisdon et Tonneau, 2008).

Appuyée sur le recueil d'informations médico-économiques que permet l'antique programme de médicalisation des systèmes d'information, la T2A rémunère les hôpitaux sur la base de coûts moyens par pathologie prise en charge et par séjour. La T2A substitue donc une logique de recettes à la logique de dépenses qui prévalait jusqu'alors.

Ces coûts moyens, dits par groupe homogène de séjour (GHS), sont ensuite appliqués comme des tarifs de prise en charge par la Sécurité sociale. Par ailleurs, dans le cadre d'une politique incitative, certains médicaments onéreux et certains dispositifs médicaux sont calculés en surplus des tarifs de prestations.

Certains de ces tarifs peuvent être modulés (en fait diminués) en cours ou en fin d'exercice de façon à respecter l'ONDAM (cf. *supra*). C'est le cas lorsque, pour certaines prises en charge, l'activité réelle est supérieure à celle qui était prévue (ou budgétisée).

Mais cette modulation est uniforme, alors qu'elle pourrait être différente, par exemple, d'une région à l'autre. Des tarifs différenciés constitueraient des leviers d'action vers plus d'équité en rééquilibrant les pratiques et en les soustrayant à l'arbitraire des habitudes, des routines, voire des « coutumes » locales[34]. Les rares exceptions à la règle de la « neutralité » des tarifs, telles « *la pénalisation des césariennes* » (*sic*) ou la « *sur-tarification de la chirurgie ambulatoire et la pénalisation de l'hospitalisation complète* » (*re-sic*) ont cependant fait l'objet de vives critiques (Bras *et al.*, 2012).

Par rapport à la classification initiale des GHS, celle utilisée en 2016 introduit quatre niveaux de gravité. Le nombre total de GHS est ainsi passé de 800 à 2 300. Bien sûr, cette complexité ouvre des possibilités infinies de codages opportunistes ; c'est le phénomène que les promoteurs américains des DRG connaissent depuis longtemps sous le nom de *creeping*. C'est pourquoi, l'Assurance maladie a pour mission de contrôler et, le cas échéant de

---

[34] Ainsi, par exemple, selon les départements, les taux de recours aux amygdalectomies varient de 28 à 168 pour 100 000 habitants et à la chirurgie de l'obésité de 8 à 170.

sanctionner, les codages « insincères » des GHS qui auraient pour but de surestimer le coût du séjour.

Les arguments avancés pour justifier la mise en place progressive mais déterminée de ce mode de financement remplaçant le budget global sont très significatifs de la philosophie qui, naguère, guidait les réformes. En effet, le plaidoyer en faveur de la nouvelle modalité de financement s'appuie sur un ensemble d'attendus qui en appellent à la responsabilité des acteurs hospitaliers et à la nécessité dans laquelle ils sont de rendre des comptes : « *cette plus grande transparence [...] alimentera la réflexion stratégique des hôpitaux [...] et favorisera une recomposition de l'offre hospitalière face à l'éparpillement de l'offre* » (Molinié, 2005, p.41). C'est donc explicitement au nom d'une conception dynamique du nouveau management public (NMP) que la T2A est justifiée.

Certes, pour de nombreux économistes, le risque potentiel de la T2A serait de conduire les hôpitaux à sélectionner les patients « rentables » et à exclure les autres : « *La mise en œuvre de la T2A conduit le système hospitalier à mimer le marché et à remettre en questions ses principes fondateurs. La T2A accélère la sélection des patients, la baisse de la qualité des soins et la suppression des activités non rentables. Dorénavant, les établissements hospitaliers ont intérêt à ne plus garder les malades [...] dont l'état dégradé de santé génère des surcoûts* » (Domin, 2015).

Mais, dans la réalité du système de soins français, ce risque est faible et il peut être combattu notamment par l'incitation. Ainsi, par exemple, il a été décidé de *survaloriser*, à pathologies égales, les prises en charge de personnes démunies, isolées ou en situation précaire. Concrètement, il s'agit d'appliquer pour les séjours de ces personnes un tarif plus élevé que celui résultant du simple calcul du coût médian obtenu dans l'Enquête nationale de coûts annuelle.

Limiter la T2A

Le vrai danger de la T2A est ailleurs que dans une recherche effrénée de rentabilité immédiate qui conduirait à négliger les malades les plus lourds ou les plus démunis. L'outil permettrait au contraire d'en encourager la prise en charge. Le danger de la T2A réside dans le fait que ce mode de financement hyper-individualisé renforce la standardisation et la normalisation des pratiques sur la base de protocoles rigides. Ce faisant, il favorise la recherche de productivité au *lit du malade* et, donc, la logique industrielle au détriment des besoins de santé publique.

Dans les années 2010, et sous des gouvernements ultralibéraux, un objectif curieusement extrême, ou absolu, dénommé « *100 % de T2A* » était affiché. Or, portée à 100 %, la T2A aurait été dangereuse car elle aurait éloigné les hôpitaux de leurs missions collectives (recherche scientifique, participation au travail en réseau, activité de prévention ou d'éducation pour la santé, etc.).

Présentée par ses détracteurs et par ses partisans comme le cheval de Troie de l'hôpital-entreprise, l'hégémonie de la T2A était tout autant une erreur qu'un leurre. Car, fort pertinemment et dès l'origine, certaines activités spécifiques lui échappent. Nombre de tâches assurées par les établissements publics sont ainsi financées dans le cadre des missions d'intérêt général et d'aide à la contractualisation (MIGAC). Parmi elles, certaines sont typiquement réalisées dans les CHU ; ce sont les missions d'enseignement, de recherche, de référence et d'innovation (MERRI). D'autres sont plus largement partagées (telles les urgences, la coordination des prélèvements d'organes et les greffes). Ces MIGAC, financées « au forfait » ou « à la structure », concernent en fait les activités difficilement identifiables par patient (actions de prévention, dépistage, par exemple) ou nécessitant une permanence quel que soit le niveau de l'activité (SAMU, centres antipoison, équipes mobiles de liaison, etc.). Ces missions sont clairement identifiées et rémunérées par établissement, d'après une liste nationale. Mais surtout, elles sont réalisées dans le cadre d'une contractualisation entre l'établissement et l'ARS.

De fait, sous la pression des ARS et aussi dans le but d'aider les hôpitaux à limiter leur déficit chronique, la part des MIGAC n'a cessé d'augmenter pour atteindre 20 % des ressources.

Un rapport de 2016 sur l'application de la T2A (Véran, 2016) vient opportunément rappeler ce que des observateurs avertis avaient noté dès le démarrage de ce mode de financement en demandant, par exemple, à ce que la part de T2A n'excède pas 50 % des ressources (Naiditch et Mossé, 2005) : côté bénéfice, la diffusion d'un langage commun tourné vers la recherche de l'efficience ; côté inconvénient, entre autres, l'idée selon laquelle « *La T2A ne valorise finalement pas la prise en charge des malades qui requièrent le plus d'attention ; ceux porteurs d'affections chroniques* » (Véran 2016, p.14) et, plus encore, les patients âgés polypathologiques.

C'est d'ailleurs pour cette raison que, dans un premier temps, il avait été prévu de financer les « *surcoûts structurels et organisationnels générés par la présence dans une proportion plus forte que la moyenne de patients précaires au sein de la population prise en charge dans l'établissement de santé* » (*ibid.*).

Plus généralement, ce même rapport stipule, à l'instar des théoriciens du changement, qu' « *aucun système n'est bon de façon pérenne, et il convient de le faire évoluer quand l'équilibre entre les effets favorables et les effets déviants est rompu* » (*ibid.*).

Dans cet esprit, Mme Buzyn[35], ministre de la Santé du gouvernement issu de l'élection présidentielle de mai 2017, a décidé de diminuer la part de T2A au profit, d'une part, des rémunérations au forfait (donc non individualisées) et, d'autre part, de rémunérations « au parcours » de soins. Selon des modalités à définir, les hôpitaux publics et privés pourraient en partager les recettes avec d'autres établissements, voire avec des médecins indépendants. Ces compléments sont et resteront contractualisés ; ils permettent à chaque hôpital de s'inscrire dans son environnement non pas en tant qu'entreprise en concurrence avec d'autres, mais en pivot d'une offre de soins au sein d'un service public. Ainsi, l'harmonisation territoriale contribuera à compenser les effets d'une T2A trop agressive.

2.2.2.2. Expérimenter l'expérimentation

En septembre 2017, la loi de financement de la Sécurité sociale (LFSS) s'inscrit dans ce mouvement en ouvrant la voie à l'expérimentation en matière de financement. En effet, pour sortir du « tout T2A », les hôpitaux pourront expérimenter, après accord avec les financeurs (telle l'Assurance maladie), des modes de rémunération au « parcours de soins ».

Pour la première fois, des recettes seraient alors partagées entre hôpital public, hôpital privé et médecins

---

[35] Le parcours personnel d'Agnès Buzyn est significatif des évolutions que connaît le pilotage du système de santé. Elle a été, successivement, présidente de l'Institut national du cancer, membre du Commissariat à l'énergie atomique et, jusqu'à sa nomination au gouvernement, présidente du collège de la Haute Autorité de santé. Elle est spécialiste en hématologie et professeur d'université à Paris.

libéraux de ville. Sous le terme de « paiement à l'épisode de soins », des expérimentations concernant certaines pathologies (insuffisance rénale, cancer traité par radiothérapie, obésité de l'enfant) ont été initiées. Leur objectif est d'améliorer les prises en charge tout en évitant les hospitalisations inutiles.

Dans ce but, l'article 51 de la LFSS précise que des expérimentations pourront être mises en œuvre pour une durée de cinq ans. Elles doivent avoir pour but premier de permettre l'émergence d'organisations innovantes dans les secteurs sanitaire et médicosocial « *concourant à l'amélioration de la prise en charge et du parcours des patients, de l'efficience du système de santé et de l'accès aux soins* ». Elles peuvent reposer sur des modalités de financement et de tarification originales et, après avis de la HAS, être menées au niveau national.

Tout autant que celle des parcours de soins, c'est la question de la *pertinence* et de l'opportunité des soins qui est ici posée. Dans le rapport que le Sénat a consacré à cette question, il est noté, à juste titre, que cette pertinence dépendra du « *décloisonnement des acteurs* » professionnels et d'une modification des modes de financement (Vanlerenberghe, 2017).

Il est sans doute difficile de prévoir si ces expérimentations vont se développer et, dans l'affirmative, si elles vont être efficientes, mais leur dimension procédurale assumée donne, à elle seule, le sens que les pouvoirs publics et leurs agences entendent donner aux changements en cours. Il s'agit d'inciter, au niveau local, les professionnels à travailler ensemble autour de la définition, de la mise en œuvre et du suivi de *façons de faire* innovantes. La perspective de coopérer autour de règles (organisationnelles et financières) propres améliorera les connaissances réciproques des contraintes et des intérêts en présence. Le pari est que cette connaissance partagée facilitera l'adoption de pratiques véritablement collectives, c'est-à-dire plus rationnelles.

En la matière, l'exemple des entrées en service d'urgence est emblématique du problème et des solutions disponibles. En effet, le nombre d'entrées dans les quelque 700 services d'urgence augmente régulièrement au rythme de 3,5 % par an depuis 2000 pour dépasser les 20 millions en 2017 (soit un doublement en vingt ans). Or, tous les acteurs savent que nombre de ces entrées ne sont pas pertinentes.

L'explication essentielle de ce dysfonctionnement réside dans le maintien d'un cloisonnement excessif entre la médecine de ville et la médecine hospitalière. De nombreux recours aux services d'urgence (peut être un tiers) sont en effet dus au manque de disponibilités des médecins de ville (notamment les week-ends ou la nuit), ainsi qu'au réflexe des patients estimant que l'hôpital les prendra mieux en charge et en considération que les médecins libéraux.

Face à ces dysfonctionnements, les « urgentistes » tiennent un langage ambivalent. D'un côté, ils dénoncent les stratégies développées par les médecins de ville pour éviter de prendre en charge l'urgence, mais d'un autre côté, ils exigent une augmentation des capacités et des ressources allouées aux services d'urgence. Or, cette augmentation fonctionne comme un aimant : plus la capacité d'accueil des services d'urgence est importante, plus les patients seront tentés d'y recourir et plus les médecins de ville auront des raisons de ne pas s'impliquer.

Pourtant, dans bien des cas, les recours aux urgences qualifiés d'injustifiés ou de « non contraints » « *ne sont pas des erreurs d'aiguillage mais des indicateurs de la complexité des besoins* » (Mossé, 1996). Pour optimiser l'allocation des ressources, il faudrait donc d'abord interroger les modalités de la division du travail médical et notamment les excès de la spécialisation.

Pour réduire ces effets, des structures « sas » sont mises en place. Sous le nom de maisons médicales de garde (Gentile et *al.*, 2005). Leur objectif est d'orienter certains patients vers des prises en charge alternatives et plus légères que l'hôpital et son service d'urgence. Mais ces structures, indépendantes ou physiquement adossées aux hôpitaux, ne rencontrent pas le succès espéré.

Comme il est suggéré, un financement adapté qui, localement, ciblerait simultanément les patients, les médecins de ville et l'hôpital serait sans doute bienvenu pour rationaliser et améliorer la prise en charge (Cohen *et al.*, 2017). De ce point de vue, la période qui s'ouvre est celle de l'invention de formes originales et combinées de financement dont l'objet principal serait de décloisonner les pratiques et les modes d'intervention.

Face à ce besoin d'innovations, les tutelles (ARS, ministère, etc..) devront sans doute se faire violence pour accepter la diversité des missions et des statuts (hôpitaux universitaires, hôpitaux locaux, EHPAD, soins de suite et de réadaptation [SSR], hôpitaux spécialisés) et pour prendre effectivement en compte les spécificités locales. Du côté des établissements eux-mêmes, il sera tout aussi nécessaire de se plier aux exigences d'une évaluation rigoureuse, indépendante et risquée. Risquée, puisque, si elle est négative, elle pourrait conduire à l'abandon de telle ou telle innovation. En matière d'expérimentation, plus qu'en routine, le choix des indicateurs de la performance est donc décisif.

Mais vis-à-vis de ces évolutions, qui rompent avec la logique uniformisante du lit de Procuste trop longtemps dominante, deux attitudes émergent. D'un côté, les gestionnaires et les promoteurs de l'innovation considèrent volontiers que les indicateurs de gestion doivent tendre à réaliser une synthèse, simplifiée et modélisée, des comportements. Dans le domaine de l'action, ce raisonnement conduit à l'idée qu'un « pilotage » absolu est possible et qu'il suffit de contrôler les indicateurs d'un tableau de bord pour contrôler, en retour, les comportements. D'un autre côté, les agents sont amenés à s'adapter pour satisfaire l'objectif fixé par les directions ou les tutelles, ce qui ne les empêche nullement de développer, en parallèle et dans la semi-clandestinité, des pratiques qui les émancipent de ces contraintes gestionnaires. Les acteurs hospitaliers sont comme les autres : ils n'adhèrent pas nécessairement aux objectifs et aux indicateurs de gestion ; s'ils se les approprient parfois, c'est qu'ils s'en accommodent (Moisdon, 1997).

Parmi ces pratiques, celles découlant de l'avènement du nouveau management public (NMP) sont sans doute les plus importantes parce qu'elles sont porteuses d'ambivalence. L'exemple des péripéties du NMP dans le domaine de la psychiatrie hospitalière, objet du paragraphe suivant, est significatif de cette tension. Les acteurs de la santé mentale sont en effet tout à fait emblématiques de ces tensions entre une forme de modernité (rationalisation et intégration dans des réseaux formalisés) et la capacité à défendre une position marginale au nom de la spécificité de la discipline ; laquelle est illustrée par les débats à propos de ce que devrait être la bonne dose de porosité entre l'intra et l'extra-hospitalier.

2.2.3. Le NMP et la psychiatrie : stratégie ou résignation ?

Les professionnels de la psychiatrie ont une longue tradition de critique en cause de leur pratique et des organisations qu'ils investissent. Dans les années 1960 cette tradition, liant réflexion et action, avait conduit à la politique de « sectorisation » qui inaugurait des prises en charge organisées sur des bases territoriales en lieu et place du seul enfermement. Pourtant ce n'est que dans les années 2000 que la tentative de construire un référentiel commun pour l'ensemble de la santé mentale devient centrale dans les débats. Depuis, fortement marqués par les clivages internes à la psychiatrie, les débats sur la régulation du champ de la santé mentale sont largement influencés par les débats professionnels. C'est le cas des disputes qui portent sur la définition de l'information qu'il serait judicieux de recueillir pour nourrir une évaluation pertinente. Elles sont significatives de la manière dont la psychiatrie se saisit du NMP autant qu'elle est saisie par lui[36].

Quand la psychiatrie saisit le NMP

Premier signe de cette tension, la liste des diagnostics elle-même est problématique pour les psychiatres et les psychologues. En effet, elle renvoie à une opposition entre les professionnels qui acceptent les grilles internationales (les classifications internationales des maladies de l'OMS) et ceux qui en contestent la pertinence ; tel ce psychiatre interviewé en 2010 : « *On nous oblige à coter à la CIM-10 quand on fait un diagnostic. On fige les choses dans une grille précise. Non pas qu'on ne les classait pas, on a toujours classé. Mais là c'est beaucoup plus précis dans le sens où ça nous est demandé, ça rentre dans la machine [...] je passe mon temps à mettre des diagnostics faux* » (Mossé et Devineau, 2012).

L'opposition à la CIM-10 recoupe en grande partie l'opposition entre approches psychanalytiques des troubles mentaux et approches cognitivo-comportementalistes et

[36] Ce paragraphe reprend en partie et actualise les résultats d'une recherche réalisée avec J. Devineau et dont un aperçu est donné dans Mossé et Devineau, 2012.

les modes plus ou moins ouverts de prises en charge qui en découlent. Mais comme notre interlocuteur l'évoque dans le passage ci-dessus, le système de la CIM10 s'est imposé *via* une procédure de codage contraignante. Celle-ci, calquée sur le PMSI des hôpitaux de court séjour, s'appelle le RIM-P. Elle se met laborieusement en place. Une version récente du guide servant au codage des patients en établissements psychiatriques en donne une définition précise : *« La connaissance de l'activité médicale dans le cadre du programme de médicalisation des systèmes d'information (PMSI) du champ d'activité de psychiatrie public et privé repose sur le recueil systématique de données administratives et médicales normalisées. Ce recueil [est] nommé recueil d'informations médicalisé en psychiatrie (RIM-P) »* (ATIH, 2016). Ce même guide, stipule que seule la CIM-10 de l'OMS doit être utilisée pour le codage : *« Le RIM-P est renseigné quel que soit l'âge du patient, exclusivement par un code de la CIM-10 à usage PMSI (CIM–10–FR) »* (*ibid.*).

Ici, l'horizon du NMP c'est le *benchmarking*. Mais la révélation de la « bonne » information qui permettrait cette comparaison un tant soit peu sauvage car ignorante du contexte des interventions, se heurte à la diversité des conceptions concernant la finalité de la prise en charge (guérison, adaptation, réhabilitation, etc.).

Pour éclairer et résoudre cette difficulté, la demande des pouvoirs publics en études épidémiologiques s'accroît ; notamment au travers des lois relatives à la santé publique et des plans stratégiques qui leur sont associés (le plan Santé mentale 2005-2008, la campagne d'informations sur la dépression, les plans autisme, le plan psychiatrie et santé mentale 2011-2015, etc.). Dans la mesure où ces plans établissent des objectifs chiffrés, le dispositif est consommateur de statistiques psychiatriques. Pourtant le régulateur ne sait pas toujours quoi en faire !

Un rapport du Haut Conseil de la santé publique (HCSP) destiné à évaluer le plan 2011-2015, s'il met en avant le rôle tenu par les ARS, n'est guère enthousiaste quant à l'efficacité des plans : « *Ce plan a été construit autour d'objectifs stratégiques avec un rôle central des agences régionales de santé pour sa mise en œuvre [...] Le HCSP recommande d'inscrire la politique de santé mentale et de psychiatrie de façon pérenne et pilotée à long terme, avec une dimension interministérielle, plutôt que de mettre en place des plans successifs* » (HCSP, 2016).

Les débats, blocages et atermoiements sont significatifs des tensions croissantes entre des professionnels réticents à jouer le jeu de la reddition des comptes et les porteurs du NMP de plus en plus crispés sur des objectifs financiers. La théorie de l'agence montre que, pour résoudre ces tensions, la divulgation et l'échange des informations pertinentes nécessiteraient que soient mises en place des incitations adaptées. Faute de tels dispositifs, ces pratiques ne pourront pas déboucher sur une allocation optimale des ressources.

L'évaluation, un rapport de forces

C'est pourquoi, et sans surprise, les démarches promues pour rationaliser et piloter la qualité des services sont reçues plus facilement par les acteurs que les outils d'évaluation médico-économique *stricto sensu*. C'est que, dans le processus même, les professionnels de terrain ont toute leur place. Il en est ainsi, par exemple, de l'évaluation des pratiques professionnelles (EPP).

L'EPP est à la fois le plus ancien dispositif d'évaluation toujours en usage dans le champ de la santé mentale et le seul qui concerne potentiellement l'ensemble des professionnels médicaux : les établissements publics et privés, les Centres médico-psychologiques (CMP), mais aussi les praticiens libéraux. Il s'agit d'un dispositif mixte d'évaluation, puisque l'EPP est à la fois une autoévaluation réalisée dans les hôpitaux et les CMP et un ensemble de procédures exigibles dans le cadre de la certification / accréditation des professionnels et des établissements de santé réalisée par la HAS.

Le référentiel de la HAS évolue, notamment sous l'effet des rétroactions des visiteurs-experts sur leur travail. Initialement, la HAS promouvait la séparation des EPP entre MCO et psychiatrie. Ce n'est plus le cas avec la nouvelle version du référentiel ; au travers de l'EPP, la HAS essaye de promouvoir l'appropriation de nouvelles méthodologies d'évaluation, telles que les audits cliniques, les enquêtes de pratique, les arbres de coûts, etc. Ici, la psychiatrie profite de l'expérience acquise en MCO, où des référentiels imposés ont progressivement laissé plus de place au respect de la cohérence de chaque établissement.

Au départ, beaucoup d'acteurs dans le champ étaient réticents (Leblanc, 2013), voire très hostiles (Gori, 2013) ; mais, en dépit de ces oppositions, certains d'entre eux participent aux forums dans lesquels sont définis les référentiels et les techniques évaluatives. À la base de cette participation se trouve d'abord le souhait de valoriser les activités réalisées dans le domaine de la santé mentale. Le second facteur qui intervient est la prise de conscience du fait qu'il est nécessaire, pour les acteurs, de faire entendre leur voix afin d'influencer la façon dont l'évaluation est et sera menée au cours des prochaines années. Le commentaire d'un chercheur de l'INSERM va dans ce sens : « *il y a eu un débat, autour de l'évaluation des psychothérapies, qui a permis de dire 'oui mais quand même, il faut se demander si ce qu'on fait, c'est bien ou pas bien' [...] c'est un courant inéluctable de la société et si on [ne] se l'approprie pas, c'est les autres qui vont nous imposer des trucs* » (interview de 2014).

Ce mouvement émerge aussi à propos de l'extension de la T2A qui n'est toujours pas appliquée au champ de la psychiatrie. Certes, cette discipline présente beaucoup de particularités notamment en termes d'atomisation des structures, d'organisation territoriale, de poids des soins ambulatoires, de juxtaposition et de chevauchement des modes de prise en charge. De plus, les établissements sont globalement insuffisamment équipés en logiciels pour bien tracer et déclarer les différents types d'activités. Mais qu'il s'agisse de la T2A, de l'EPP, du RIM-P ou des recommandations de bonnes pratiques, toutes ces techniques s'inscrivent dans des référentiels qui ciblent les processus plus que les résultats. L'accent mis sur la procédure et l'organisation devrait donc favoriser l'adhésion de professionnels soucieux de voir leur autonomie respectée et préservée.

Ainsi, les rapports entre les acteurs du domaine de la santé mentale et les instruments qu'ils mobilisent peuvent être qualifiés de stratégiques. Il n'est plus question de refuser, catégoriquement ou frontalement, de jouer le jeu de l'évaluation et du NMP ; comme ce fut le cas lors d'une grève de remise des données. La stratégie dominante vise désormais à en infléchir le cours. L'enjeu professionnel est donc de peser sur la définition des normes de façon à ce que, une fois transformées en contraintes, elles soient à la fois plus supportables et moins déstabilisantes.

L'exemple de la psychiatrie - précisément parce que plus conflictuelle que d'autres spécialités médicales - montre que les intentions des acteurs deviennent centrales dans le processus de régulation qui s'apparente alors à un vaste apprentissage. C'est notamment le cas d'un des outils pivots de cette nouvelle régulation : le projet.

2.3. Du projet d'etablissement a l'etablissement du projet

Présenté par leurs promoteurs comme un acte substantiel qui les engage, le projet est pourtant avant tout un exercice procédural. Pour les réformateurs et les managers censés le promouvoir et le mettre en œuvre il s'agit d'abord de créer les conditions nécessaires à la construction de projets qui soient réellement collectifs (Grenier et Bernardini-Perinciolo, 2015) ; encore faut-il qu'ils soient définis et portés par des hospitaliers conscients de devoir respecter des cadres et des objectifs qui souvent les dépassent.

Se posent alors deux interrogations : celle de la qualité du et dans le projet (2.3.1) et celle de savoir de quel « établissement » il est question dans un moment où les frontières sont mouvantes et où les murs tombent (2.3.2).

2.3.1. Le projet : quelle qualité ?

Dans le but de garantir la qualité du projet d'établissement, et dès le début des années 1990, les orientations politiques visaient à donner à l'hôpital plus d'autonomie. Ils visaient surtout à donner aux établissements les moyens stratégiques d'accommoder la contrainte comptable. Le projet, grâce au processus instauré par son élaboration se présentait comme une solution disponible. Comme il était précisé dans l'exposé des motifs de la loi de juillet 1991 : « *il s'agit de passer d'une logique budgétaire stricte à une logique d'adaptation permanente de l'hôpital à l'évolution de ses besoins* ». Le budget et, plus tard, les ressources d'origines diverses sont présentés comme des moyens de réaliser le projet d'établissement et non plus comme des buts en eux-mêmes. Des priorités sont donc à définir ; d'autant plus que le projet est pluriannuel, fondé sur le projet médical (rédigé par les médecins) et que, en outre, il doit être compatible avec le SROS.

Le projet : un outil à révéler

Théoriquement en phase avec la stratégie des agences régionales, le projet est aussi un moyen de mieux connaître la direction dans laquelle veut aller un établissement et, en conséquence, de mieux connaître ses ressources comme ses besoins. Conformément à la théorie de l'agence, et comme jadis le PMSI, expliciter le projet contribue à limiter la dissymétrie d'informations entre le principal (ici l'agence régionale) et son agent (ici l'hôpital).

Au plan strictement gestionnaire, le projet permet d'insérer dans une vision de moyen terme les ajustements quotidiens qui, sans cette perspective, seraient vécus comme d'insupportables injonctions. Au plan politique, la procédure peut déboucher sur un projet ambigu, à l'issue duquel il est difficile de distinguer les perdants des gagnants. Il peut même arriver que cette ambiguïté, volontaire ou non, soit la condition ou la raison de l'engagement.

La difficulté est donc d'assurer la pérennité des missions et la mobilisation des personnels alors même que dans son entité comme dans ses objectifs, l'hôpital est écartelé entre des logiques antagonistes. Cette tâche qui est traditionnellement dévolue à l'encadrement et au management ne peut être assurée sans l'accord et la participation massive de l'ensemble des personnels. Ce qui est vrai de l'entreprise l'est encore plus de l'hôpital puisqu'y cohabitent des métiers différents, des corporations et des hiérarchies diverses dont la coordination ne peut pas être planifiée sans risquer de brider initiatives et expertises. Or, c'est sur elles que reposent les représentations et les pratiques notamment innovantes.

Mais, aujourd'hui, l'adhésion, la participation de tous à la bonne marche de ces dispositifs ne sont plus, en tant que tels, des enjeux. La signature d'un contrat pluriannuel d'objectifs et de moyens entre chaque ARS et chaque hôpital est devenue obligatoire et quasi routinière. La question n'est plus de savoir s'il faut s'engager dans la procédure mais jusqu'où le faire. C'est tout le paradoxe du management participatif que de s'imposer aux acteurs.

Conçus comme le point d'application et le produit principal du management participatif, les projets d'établissements font donc l'objet de toute l'attention de la direction générale de l'offre de soins (DGOS) du ministère de la Santé, des ARS et, bien sûr, des personnels hospitaliers eux-mêmes. En effet, composé de trois projets complémentaires (projets médical, social et de soins infirmiers), le projet de l'établissement doit, en interne, être articulé aux différents projets de services et de pôles. En outre, il doit intégrer des projets ciblés tels que le projet « informatique », le projet « investissement », le projet « qualité » et, *last but not least*, le projet « développement durable ».

Pourtant, malgré les efforts pour harmoniser les procédures d'élaboration et la méthodologie de projet, les établissements connaissent des difficultés pour traduire dans un document unique les propositions qui devraient émaner de l'ensemble des agents. Ces difficultés signent moins l'effet de réticences au changement que celui de la sidération face à des contraintes économiques perçues comme incontournables.

Ces difficultés, toutes les organisations engagées dans de telles démarches les rencontrent. Mais, parce que plus qu'ailleurs s'y confronte un grand nombre d'acteurs àmême d'intervenir dans la construction de son avenir, le Projet hospitalier exige l'accord et la mobilisation collective qu'il est censé bâtir. Pour que ce cercle vicieux se mue en cercle vertueux, il faut que la confiance entre les partenaires puisse s'établir. Elle demande du temps et de la cohésion que ni les logiques gestionnaires ou comptables ni les projets professionnels ne peuvent naturellement faire émerger.

En revanche, un tel ensemble peut renforcer une nouvelle dynamique autour de l'exigence de qualité. Celle-ci doit d'abord être définie selon des référents partagés, mais doit, en même temps, pouvoir se décliner au niveau de chaque établissement.

C'est ce double objectif (universalité et singularité) que tentent d'atteindre les démarches d'accréditation et de certification. Pilotées par la HAS, elles s'imposent aujourd'hui à tous. Pour cela, si la procédure est commune, les objectifs peuvent être propres à tel ou tel établissement. Cette latitude constitue pour les établissements une opportunité puisqu'ils peuvent désormais adapter leurs projets aux objectifs qu'ils entendent privilégier. Cette forme de responsabilisation est visible dans l'évolution-même des référentiels pour l'accréditation et la certification. Mais elle l'est aussi quant aux « marges de manœuvre » croissantes dont disposent les ARS vis-à-vis du ministère et les hôpitaux vis-à-vis des ARS quant au choix des critères sur lesquels évaluations et contrôles sont fondés. Parmi ces critères, ceux concernant la qualité sont devenus centraux.

Outils managériaux par excellence, les démarches qualité visent essentiellement à formaliser les pratiques, à en faciliter l'évaluation et la transmission. Par rapport aux outils d'évaluation traditionnels, les démarches qualité ont en commun de mettre au centre la prise en compte de l'interaction et de la coordination entre les intervenants. De plus, là où l'évaluation de la qualité des soins privilégie l'acte technique et son résultat, les démarches qualité tentent d'introduire une autoréflexion sur les procédures.

Dans cette perspective, une expérimentation intitulée Incitation financière à l'amélioration de la qualité des soins (IFQAS) a été lancée en 2012 et copilotée notamment par la HAS, le ministère de la Santé et l'EHESP. En 2017, le dispositif a été généralisé à l'ensemble des établissements (Fourcade *et al.*, 2017). L'idée centrale est de favoriser l'amélioration de la qualité des soins en accordant des primes en fonction de résultats mesurés sur quelques indicateurs-clefs : « *L'objectif est donc de concevoir un modèle d'évaluation de la qualité des établissements à partir d'indicateurs qualité généralisés et de valoriser financièrement une amélioration de la qualité selon les résultats de cette évaluation* » (Minvielle, 2005 ; HAS, 2015).

Quantifier la qualité ?

Aucun indicateur global de qualité n'est disponible qui permettrait, comme dans l'industrie, de mesurer les écarts entre pratiques et normes à l'aune d'un objectif unique (satisfaction de l'usager, qualité technique ou commerciale, donnée ou perçue, etc.). C'est pourquoi la première étape d'une démarche qualité réellement participative et adaptée à la situation hospitalière consiste en la définition collective des finalités poursuivies par chaque organisation. En conséquence, l'amélioration de la qualité et le projet d'établissement devraient pouvoir être articulés. C'est en tout cas le but des contrats d'amélioration de la qualité et de l'efficience des soins (CAQES). Depuis 2017, ils regroupent et harmonisent diverses procédures contractuelles entre les ARS, les établissements de santé et l'Assurance maladie. Respectant le principe de la nouvelle régulation, ces contrats sont inclus dans les CPOM et comportent un volet obligatoire (commun à tous les établissements) sur le bon usage des produits de santé et un volet facultatif (donc variable) sur l'amélioration des pratiques.

Pour rendre toujours plus transparentes ces procédures et jouer le jeu de la « démocratie sanitaire », la HAS a lancé un site Internet appelé Scope-Santé. La plupart des informations sur la qualité des soins sont ainsi accessibles, établissement par établissement. Bien que l'on puisse contester l'idée défendue par la HAS selon laquelle cette information guide le choix des patients vers tel ou tel établissement, car la concurrence est largement fictive, cette communication est un maillon important de l'évaluation[37].

La manière dont sont traités le repérage et le suivi des « événements indésirables » (essentiellement les maladies nosocomiales) illustre cette nouvelle stratégie. En effet, dans le but de diminuer la fréquence et la gravité de ces événements, la transparence prend ici deux formes. D'une part, région par région, une adresse Internet est mise à disposition pour que tout un chacun puisse y déposer une plainte ou un signalement. D'autre part, un dispositif national a été mis en place fin 2017 afin de permettre aux professionnels de déclarer les « événements indésirables graves » (EIG) et d'entamer une procédure de suivi.

---

[37] Le site Scope-Santé a pour sous-titre « *Je m'informe, je choisis* » qui semble directement emprunté au mythe du consommateur souverain. Ce sous-titre, en forme de slogan, induit doublement en erreur. Non seulement, il peut laisser accroire qu'il existe une continuité entre qualité de l'information et pertinence de la décision mais, en outre, il laisse entendre que cette décision serait individuelle.

Cependant, cette transparence est contrôlée et, en partie, limitée afin d'éviter les abus et de laisser la maîtrise du dispositif aux mains des établissements et de leur ARS. Ainsi, les « plaintes » ou les signalements passent par une sorte de filtre géré par les ARS.

Par ailleurs, la mesure de certains indicateurs - dont la liste précise est publiée sous forme d'arrêté signé du ministre de la Santé (comme la consommation de solutions hydro alcooliques[38]) - est rendue obligatoire au plan national.

Adapter les outils managériaux aux spécificités hospitalières conduit ainsi à intégrer les différentes dimensions, technique, médicale, sociale et économique de la Gestion. Il en est ainsi des tableaux de bord ou des divers documents comptables ou d'*accountability* sur lesquels tout contrat repose en même temps qu'il les génère (Béjean et Peyron, 2002). Cette intégration ne va pas sans difficulté puisqu'elle transgresse les frontières professionnelles ; elle met en jeu et en cause les domaines de compétence des uns et des autres. Compte tenu de la divergence des intérêts, des approches ou des « cultures » professionnelles en présence, il serait même étrange que les critères médico-économiques puissent, à eux seuls, construire ce consensus sur la définition de la performance. Il est pourtant la condition *sine qua non* de toute décision concertée. A ce sujet, il faut lire l'analyse subtile de la littérature en sciences de gestion traitant ce que les auteurs nomment « *la fabrication du médico-économique à l'hôpital français* » (Valette *et al.,* 2015) ; car, ici, le point crucial concerne bien la décision, ses processus et ses acteurs.

---

[38] Notons que, si cet indicateur quantitatif est facile à mesurer, il peut faire l'objet de manipulations. Plus pertinente mais plus complexe serait une évaluation de la manière dont les personnels se saisissent des règles d'hygiène.

Or, l'hôpital, intentionnellement ou non, est destiné à être de plus en plus le protagoniste d'un réseau d'offre médicale, médico-sociale et sociale. Ce système de contraintes met désormais au centre le partenariat, la coopération, la complémentarité avec les autres institutions sanitaires et sociales. Transformées en contrats, les pressions qui s'exercent sur chaque hôpital sont donc désormais intégrées à son fonctionnement.

Dans ces conditions, les démarches qualité qui ne feraient que remplir des critères strictement centrés sur les établissements n'auraient au mieux qu'une utilité limitée, surtout s'ils restent identiques d'un établissement à l'autre. Pire, le risque collectif ou social est que les hôpitaux soient encouragés à externaliser leurs sources de *non-qualité* tout en répondant formellement aux exigences des audits, accréditations, certifications ou autorisations.

Pour éviter cette dérive, il est désormais nécessaire d'inscrire l'évaluation dans les espaces ouverts et divers au sein desquels œuvrent les hôpitaux. C'est à cette tâche que s'attellent les deux lois successives dites de « modernisation du système de santé », celle de 2015 et celle de 2017.

2.3.2. De quel établissement parle-t-on ? Restructurer, non, regrouper, oui

Depuis des lustres, la « restructuration » du parc hospitalier est à l'ordre du jour des politiques de santé. Mais les forces antagonistes étaient si fortes qu'il s'est avéré impossible de « restructurer » l'offre de façon significative. Maintien du nombre d'établissements, léger accroissement de l'emploi, augmentation continue, sinon régulière, des moyens, etc. : quel que soit le critère « industriel » utilisé, il apparaît que, dans les années 1990, le système hospitalier public français ne se restructurait pas.

« Restructurer » : une solution en quête de problème

En la matière, la variété des situations et l'inertie qui en résultait semblaient liées à la polysémie du terme même de « restructuration » et à l'inquiétude qu'il pouvait générer. Dans les propos des acteurs hospitaliers, ce terme désignait en effet aussi bien des formes, dures mais rarement effectives, de réorganisations (fusions, fermetures, réductions de ressources ou de personnels) que des formes douces, plus souvent concrétisées, qui ne mettent pas en cause l'existence des structures proprement dites. Il apparaissait donc que l'hôpital et ses acteurs se saisissaient de la rationalisation au service de leur stratégie : l'hôpital saisissait la rationalisation plus qu'il était saisi par elle.

C'est dans ce contexte que, à la fin de l'année 1999, la Mission recherche (MiRe) de la direction de la recherche du ministère de la Santé, lançait un programme de recherches sur les « restructurations hospitalières ». Il semblait alors ne faire aucun doute que la politique mise en place avec la réforme hospitalière de 1991, puis par les ordonnances de juillet 1996, allait modifier sensiblement la donne en matière de rationalisation. Les hôpitaux allaient se rapprocher, fusionner peut-être et certains, à l'instar de l'expérience canadienne, allaient disparaître. Il n'en a rien été. Même les coopérations, pourtant encouragées, ne s'étaient pas vraiment développées.

Si les économies d'échelle étaient parfois annoncées comme l'horizon des restructurations, rien n'était prévu pour les évaluer (Mossé et Paradeise, 2003). De plus, les critères de performance étant centrés sur l'établissement, ceux-ci n'étaient pas toujours adaptés à l'évaluation de restructurations qui engagent de multiples acteurs, plusieurs établissements ou plusieurs intervenants. Or, la coopération - condition nécessaire mais pas suffisante au démarrage d'un processus de rapprochement entre deux établissements - n'est pas *naturelle*. Les incitations, d'une part, les conventions, d'autre part, les contraintes, enfin, constituent un ensemble de conditions à la fois produites et productrices de l'efficacité. Sans elles, le repli sur les pratiques routinières et centripètes devient rationnel.

C'est pourquoi, en reprenant la notion de « pilotage », le programme de recherches avait pour objet de questionner l'usage que les différents acteurs pouvaient faire des nouveaux outils (tels le PMSI ou l'accréditation) au service de la rationalisation. Question opportune, au moment où les tutelles poussaient au développement de formes institutionnalisées de négociations. En effet, de nombreux lieux d'échanges étaient simultanément mis en place dans les hôpitaux (conseils de services ou projet d'établissement) et à leurs périphéries (les SROS ou les conférences de santé). La question de leur cohérence et de leur articulation méritait d'être posée. Or, les recherches de ce programme ont souligné que la complexité des interactions entre les différents niveaux de l'action publique limitait la mise en œuvre de restructurations dont certains analystes ou protagonistes pressentaient pourtant la nécessité (Kerleau, 2003).

Or, au début des années 2000, la mise en place de la réforme de 1996 était partielle. Ainsi, bien que tous les établissements se soient engagés dans la démarche d'accréditation, seuls 10 % d'entre eux l'avaient achevée à la fin 2002. De même, si tous les établissements privés à but lucratif avaient signé avec leur ARH un contrat d'objectifs et de moyens, c'était loin d'être le cas pour les établissements publics. Enfin, les projets d'établissement étaient inégalement élaborés. Faute de disposer de toutes les informations nécessaires, les ARH en étaient réduites à « *allouer les ressources sur un mode historique* ». Cette inertie ne favorisait guère les fusions ou les fermetures d'établissements.

Aujourd'hui, avec les contraintes économiques et la nécessité de maintenir les équilibres comptable et financier, le temps des recompositions est venu. Il n'est donc plus question de restructuration mais de regroupements et de coopérations.

C'est pourquoi, en 2016, afin de faciliter la coordination des soins entre établissements, la loi de modernisation du système de santé (dite loi Touraine) a rendu obligatoire la création des groupements hospitaliers de territoire (GHT). Ils succèdent aux communautés hospitalières de territoire dont l'essor a été jugé trop timide.

Regrouper : nécessité ou obligation ?

Les GHT semblent correspondre à un besoin et, ce faisant, modifient le paysage. En juin 2017, ils étaient au nombre de 135 et concernaient environ 900 établissements publics de toutes tailles et de tous statuts. Chaque GHT s'appuie sur un projet commun à plusieurs établissements, dans le but d'organiser une offre de proximité pérenne et efficiente sur un territoire déterminé. Cette tendance au rapprochement et à la recomposition, voire aux restructurations, devrait se développer. En effet, non seulement le GHT est obligatoire mais, en outre, il débouche, à court terme, sur des économies d'échelle et, devrait déboucher, à moyen terme, sur une amélioration de la prise en charge.

La manière dont cette innovation organisationnelle est présentée et défendue par le site des ARS est tout à fait significative et de la méthode et des objectifs désormais adoptés par les pouvoirs publics. Cette politique se décline en quatre points dont le document publié en février 2017 permet de se faire une idée précise.

D'abord, la logique qui est défendue pour justifier le caractère « obligatoire » des GHT est bien celle du « parcours » ou de la filière de soins. Cette logique est présentée comme inéluctable. Ce faisant, le politique reconnaît que le mouvement d'ouverture de l'hôpital n'est pas que le résultat de décisions centralisées mais surtout le fruit de situations locales et professionnelles : « *Le développement de la médecine de parcours, inscrit dans la stratégie nationale de santé*[39] *et la loi de santé, suppose une meilleure coordination territoriale entre offreurs hospitaliers afin de faciliter la prise en charge continue des patients entre établissements de spécialisations de niveaux de recours différents* » (ARS, 2018).

Pour le législateur, il s'agit donc d'acter et de faciliter un mouvement qui serait né en dehors de lui. Cette présentation est pour partie fondée ; mais cette focalisation sur le parcours est aussi une construction politique. C'est le nouveau visage de la rationalisation.

Troisième point et sans surprise, l'instrument qui est mis en avant pour parvenir à concrétiser cette coordination désormais obligatoire est le projet. En 1991, au moment du lancement de cette procédure, il s'agissait de mobiliser les personnels, et notamment les médecins, d'un hôpital donné autour d'une série d'objectifs communs. Aujourd'hui ce Projet est partagé et devient commun à plusieurs établissements sur un territoire donné. L'objectif reste toutefois de mobiliser d'abord les médecins car ils sont censés élaborer le projet médical auquel sont, de fait, subordonnés les autres projets (social, infirmier, etc.) : *« Cela passe par la mise en cohérence des projets médicaux des établissements d'un territoire dans le cadre*

[39] La « stratégie nationale de santé », officiellement adoptée par le gouvernement fin 2017 est un plan global qui vise à couvrir les années 2018 à 2022.

d'une approche orientée patient et non plus structure. Il s'agit, à travers l'élaboration d'un projet médical partagé, de favoriser l'émergence de filières de soins territorialisées et d'organiser la gradation de l'offre de soins, afin de garantir une égalité d'accès à des soins sécurisés et de qualité ...» (*ibid.*).

D'ores et déjà, la HAS a mis en place un dispositif expérimental qui vise à mettre en œuvre la certification dans le cadre des GHT. Cette expérimentation se déroule sur la base du volontariat mais la certification des GHT sera obligatoire dès 2020.

Quatrième caractéristique tout à fait significative d'un changement de perspective, une certaine souplesse est laissée quant au périmètre des GHT : *« Si le groupement hospitalier de territoire est obligatoire dans son principe pour tous les établissements publics de santé, il laisse en revanche de la souplesse dans sa configuration : les établissements ont la liberté de choix des partenaires et/ou associés : c'est le projet médical partagé qui dicte la configuration de la coopération »* (*ibid.*).

Ici, l'approche par les territoires, omniprésente depuis la loi HPST, sert de guide ou de référence pour la réorganisation des hôpitaux, leur politique de rapprochement ou d'individualisation ; ce qui, théoriquement, donne un peu plus de poids qu'avant aux acteurs locaux.

Fidèle au raisonnement né des lois et ordonnances de 1996, l'autonomie ainsi prônée, préconisée et conférée au niveau local doit être maîtrisée. C'est pourquoi, en dernier ressort, l'ARS est convoquée pour garantir que les GHT et leur projet sont bien conformes au schéma régional rebaptisé « projet régional de santé » : *« Le directeur général de l'agence régionale de santé veille à la conformité de la convention constitutive du groupement hospitalier de territoire avec le projet régional de santé »* (*ibid.*).

Enfin, bouclant la boucle et renforçant la cohérence de l'arsenal de recommandations, de contraintes et d'incitations, des fiches points clefs (FPC) récemment émises par la HAS concernent l'organisation des parcours de soins. Sous l'expression d'intégration territoriale, l'une d'elles érige en bonne pratique toute forme de rapprochement entre structures médicales et médico-sociales : « *À l'inverse de la coordination entre organisations, qui vise à animer le mieux possible la fragmentation ambiante du système, l'intégration vise à réduire la fragmentation du système en le réorganisant* » (HAS, 2014).

L'intégration se trouve ainsi légitimée *par le haut* : la recherche de coopérations institutionnelles. Elle l'est aussi *par le bas*, *via* l'amélioration de la qualité des soins perçue par les patients : « *L'intégration n'améliore pas à elle seule les résultats des soins. Elle peut y contribuer si elle est combinée à des actions de suivi personnalisé du type* case management *pour les patients en situation complexe* » (*ibid.*). C'est pour avancer dans cette direction que le projet « Ma santé 2022 » prévoit de mettre en place des rémunérations forfaitaires et partagées en vue de la prise en charge coordonnée de deux maladies chroniques : le diabète et l'insuffisance rénale.

Ainsi, peu à peu, grâce à l'acceptation des formes d'expérimentation et une autonomie relative accordée aux établissements, un modèle se dessine, différent de celui que la logique industrielle stricte avait pu mettre en avant. Celle-ci, sous la pression de demandes croissantes et de rigueur budgétaire accrue, aurait pu se muer en logique marchande. Il n'en a rien été. Au contraire, pour adoucir les effets négatifs de l'industrialisation tout en conservant les progrès technologiques et médicaux qu'elle permet, c'est la voie de la logique civique qui est empruntée. Elle cherche à combiner un cadre commun, des plans nationaux, des schémas régionaux démocratiquement élaborés et des projets locaux et situés qui consacreraient des hôpitaux ouverts.

CONCLUSION DE LA DEUXIÈME PARTIE

Ainsi, encadrés au plan macroéconomique par un objectif de dépenses (l'ONDAM), relayés au plan microéconomique par des informations sur ce qu'il convient de faire, évalués à travers les procédures de certification, les professionnels de santé sont progressivement conduits à prendre conscience des conséquences économiques de leurs actes. Ce faisant, c'est sous la lumière des évaluateurs et, pour partie, des usagers, que ces professionnels sont incités et conduits à orienter leurs pratiques vers plus d'efficience.

Certes, parfois perçu comme une religion moderne, le NMP, avec sa panoplie de rites, d'instruments et de contraintes, peut se lire comme un outil de *domestication des dominés* selon l'expression de Max Weber. Dans un tel contexte, jouer le jeu de la concertation et de l'innovation pourrait apparaître comme une forme de compromission et, en conséquence, brider les initiatives.

Mais le NMP, le projet et la recherche de qualité ne sont ni des outils ni des techniques, pas plus qu'ils ne construisent une idéologie cachée sous les traits d'outils de gestion de plus en plus sophistiqués. Ce sont des *processus* et, à ce titre, ils sont potentiellement des leviers d'émancipation. Au XXe siècle, les réformateurs avaient, par manque d'audace, misé sur l'uniformisation ; au XXIe, les professionnels de terrain seront-ils trop timorés pour innover ?

Cela dépendra essentiellement de la capacité des acteurs hospitaliers à se saisir des opportunités que ces instruments offrent. C'est le cas, par exemple, lorsqu'il s'agira de construire des référentiels, des protocoles ou des critères de performance qui soient incitatifs sans être contraignants et qui soient consensuels sans être lâches. La clef est donc dans la possibilité pour quiconque de créer les normes que chacun devra respecter. Au sens étymologique du terme, cela revient à construire les conditions de l'*autonomie*.

Dans ce cadre, l'accent mis sur les MIGAC, et sur toutes formes de financement au forfait ou au « parcours », permettra aussi de baisser un peu la pression qui pèse sur les personnels vers toujours plus d'une certaine efficience : celle qui est facilement mesurable. Il n'est pas exclu que les DMS s'en trouvent rallongées dès lors que des séjours excessivement courts ne permettraient pas de satisfaire les besoins et, bientôt, les attentes des patients. Du côté des professionnels, les aspects « relationnels » des prises en charge (insolubles dans la T2A) pourraient reprendre un peu de légitimité. Le temps passé à organiser le travail en équipe ou à coopérer avec l'extérieur pourrait ainsi être visiblement valorisé.

La DMS japonaise, considérée comme « trop longue » - loin d'être un signe de retard - serait au contraire précurseuse d'un hôpital moderne, un tant soit peu débarrassé de la vision par trop industrielle du « flux tendu ».

Un enrichissement raisonné de la perspective est donc possible. En développant l'évaluation pour qu'elle sorte des frontières de l'hôpital, et des soins curatifs en général, la cible de la rationalisation serait déplacée. Celle-ci ne serait plus l'établissement *stricto sensu*, mais le territoire et son offre multiple. Les critères qui président à l'allocation des ressources, les incitations et, *in fine*, les comportements seraient, alors, plus en phase avec l'hôpital de demain.

Cependant, nul ne peut prévoir si ces occasions seront saisies ou si, au contraire, les intérêts particuliers, les réflexes corporatistes, les pouvoirs locaux ou la frilosité comptable l'emporteront…

CONCLUSION GÉNÉRALE

Autonomie et diversité

C'est parce que le mode de régulation antérieur consistait à accroître toujours plus les quantités que les réformes actuelles apparaissent fixées sur des objectifs de rationnement alors qu'il s'agit de rationalisation. Comme le montre la citation ci-dessous, certains commentateurs d'inspiration ultralibérale jugent pourtant que la solution des problèmes d'efficience réside dans la diminution drastique du nombre de lits et d'agents du personnel hospitalier : « *Une maîtrise durable des dépenses de santé [...] passe par [...] une réduction du nombre d'établissements et une diminution du nombre de lits [...]. Pour être efficiente, la réduction de lits doit s'accompagner d'une diminution des effectifs de la Fonction publique hospitalière* » (Dussol, 2015).

Pourtant, les enjeux sont bien plus importants et bien plus complexes. Ils dépassent, et de loin, la question des capacités. De plus, si cette diminution doit advenir, ce ne peut être un objectif *a priori*. Quant aux personnels, comme on l'a vu tout au long de cet ouvrage, il ne s'agit pas non plus d'en fixer *a priori* le nombre et la répartition. Il s'agit, au contraire, de promouvoir une nouvelle division du travail (intra et extra hospitalière) dont nul ne sait si, *ex post*, elle sera ou non économe en emplois. Ceci nécessite en effet de définir *ex ante* les compétences qui seront nécessaires à l'avenir (e-médecine, coordination des soins, pratiques infirmières avancées, etc.). Dans cette perspective, trois scenarii sont envisageables.

Trois scenarii, trois modèles, trois philosophies

Le scenario qui a sans doute les faveurs des acteurs hospitaliers eux-mêmes emprunte la voie des nouvelles technologies de l'information. Certes, à en croire les péripéties de la télémédecine (Simon, 2015), elles ont du mal à trouver leur route au sein des établissements, notamment publics. Un exemple de la crainte qu'inspire leur intrusion est donné par J. Choussat, ancien directeur général de l'assistance publique. En 1995, il décrivait l'hôpital de 2025 comme étant « *tout entier organisé autour de systèmes experts [...] ils étendront les dangers des virus informatiques jusque dans le lit des malades* » (Choussat, 1995).

Ces technologies constituent pourtant une façon d'ouvrir l'hôpital sur son environnement, y compris lointain, tout en lui conservant sa place centrale dans le système de soins. La prise de conscience émerge aussi du côté des institutions internationales. Ainsi, à l'occasion d'une conférence organisée en octobre 2017 à Tallinn, « Health in the Digital Society. The Digital Society for Health », le ministère estonien des Affaires sociales et l'Alliance européenne de la santé en ligne (ECHAlliance) ont lancé une déclaration en faveur du développement d'une santé numérique (« e-santé »). À en croire l'enquête « Eurobaromètre » de 2017, la société civile semble y être disposée. Cette enquête révèle, en effet, que 70 % des citoyens de l'Union européenne souhaitent partager leurs données en matière de santé, notamment avec des professionnels de santé. Pourtant, seuls 18 % des sondés ont fait appel à des services de santé en ligne, car s'en remettre à ces technologies suppose des professionnels ayant établi, entre eux et avec les citoyens, des relations de confiance réciproque. Dans ce but, la FHF fait pression pour qu'une part des aides à l'investissement soit orientée vers la « transition numérique ».

Plus généralement, sur le plan des technologies médicales, une telle cohérence et une telle collaboration seront indispensables pour endiguer ou à tout le moins canaliser des demandes d'interventions éthiquement discutables. Certaines viseront à conjurer le vieillissement (c'est la problématique de « l'homme augmenté »). D'autres, militant pour une « thérapie génique » offensive, pourraient introduire une forme ou une autre d'eugénisme. Face à ces risques, la société tout entière doit pouvoir se lever ; elle ne peut le faire que si elle est éclairée. L'hôpital, parce qu'il est le lieu privilégié de la recherche, sera, est déjà, en première ligne.

Se présente aussi à l'horizon un deuxième modèle, celui de l'hôpital-maillon. Dans ce modèle, l'hôpital aurait vocation à n'être qu'un passage bref, furtif, dans une chaîne de prise en charge au long cours qu'exigent les maladies chroniques et l'allongement de l'espérance de vie. La durée des séjours serait encore raccourcie. Le traditionnel hospitalocentrisme de forme pyramidale, avec au sommet les CHU, laisserait place à un système organisé en réseaux formels, dont les GHT et les maisons de santé pourraient être la préfiguration. Pour qu'il en soit ainsi, il faudra que l'approche par le territoire soit clémente avec les « petits » établissements, dont le poids local restera faible par rapport aux CHU. Sous le terme d'hôpitaux de « proximité », ces établissements font l'objet de l'une des dix mesures phares du projet « Ma santé 2022 ». Cette labellisation devrait concerner 500 à 600 établissements. Mais la solution pourrait venir de l'extérieur du système hospitalier à travers une politique d'aménagement du territoire pertinente et un partage des missions qui ne soit pas calqué sur la seule hiérarchie des spécialités médicales.

Ce scenario prend d'ores et déjà forme au travers d'innovations organisationnelles telles que les conventions que passent certains grands hôpitaux avec des hôtels afin d'accueillir des malades en attente d'examen ou de traitement. Dans ce même scenario, le développement inéluctable de la chirurgie ambulatoire ouvre la voie à d'autres pratiques légères. Il en est de même avec les entrées en urgence, dont la diminution, souhaitée par tous, demande à ce que les relations avec la médecine de ville soient améliorées. L'un des risques inhérents à ce modèle a été noté jadis à propos de la mode des « entreprises en réseau » (Paché et Paraponaris, 1993). Il consiste en la création de réseaux superposés sans lien entre eux, sinon de concurrence monopolistique. Pour que l'intérêt général reste la finalité du pilotage, ce scenario exigera de maintenir une dose importante de planification régionale et nationale et d'y associer étroitement les professionnels. Par ailleurs, ce cas de figure reste conforme au modèle biomédical. Or, ses limites sont manifestes : préférence pour le court terme, hyperspécialisation, coûts élevés et faiblesse des politiques de prévention.

Un troisième scenario serait donc à favoriser qui ferait de l'hôpital un acteur, parmi d'autres, de l'émergence d'un modèle de type « promotion de la santé ».

La loi HPST de juillet 2009, qui a créé les ARS et les maisons de santé introduit la prévention et, plus largement, la santé publique comme priorités. Toutefois, celles-ci restent limitées à des actions très générales (alcool, tabac) ou centrées sur l'éducation thérapeutique des patients. À en juger par la manière dont, aujourd'hui, les hospitaliers eux-mêmes conçoivent cette place, c'est-à-dire limitée à des interventions ciblées et individualisées, le chemin paraît long. En atteste le fait que les spécialités médicales fondées sur des approches collectives demeurent dévalorisées. Au sortir des études médicales, les choix se portent d'abord sur des disciplines « nobles », telles que la chirurgie, et par défaut sur des disciplines telles que la médecine du travail ou la santé publique.

Même la formation des médecins à la vaccination - pourtant la forme la plus individualisée de la prévention - est insuffisante (Loumé, 2017). Cette ignorance alimente des réactions de défiance qui se révèlent dangereuses pour la santé des populations et, particulièrement, celle des très jeunes enfants. C'est pourquoi, dans le but de contourner l'obstacle, il est envisagé de briser le monopole médical et de confier, sous forme expérimentale, une partie des actes de vaccination aux pharmaciens ou aux infirmières.

Toutefois, lentement et sûrement, ce scenario gagne en crédibilité. En effet, les jeunes médecins sont mieux informés des enjeux collectifs et sont plus à l'écoute des conséquences économiques de comportements qui seraient par trop mercantiles. Ainsi sont-ils largement majoritaires à envisager, voire à souhaiter, exercer sur un mode salarié plutôt que libéral strict. Or, cette propension est plus favorable au développement d'actions de santé publique. Mais, concernant l'hôpital et ses acteurs, il faudra que les incitations aillent dans ce sens. De fait, cet objectif ne semble en décalage ni avec celui affiché au centre de la « stratégie de santé », prônée en France jusqu'en 2022, ni avec les mesures récemment annoncées dans le cadre du projet « Ma santé 2022 » ... il s'agit, désormais, de les mettre en œuvre.

La formation : une clef

Ces différents scenarii ne sont pas incompatibles ; trouver le bon dosage ne peut être que le résultat d'un processus collectif. En effet, les opportunités pour que s'éloigne le spectre de Procuste sont réelles et les incitations sont là pour pousser dans le sens d'un assouplissement, encore faut-il que les acteurs, et au premier chef les personnels hospitaliers, soient *équipés* dans ce sens.

La « puissance de frappe » des hôpitaux reposait sur de l'équipement, de la technologie et du savoir-faire scientifique. Toujours présente, cette puissance sera de plus en plus fondée et légitimée par une capacité à projeter et à coordonner des compétences dans un temps et un espace plus étendus que ceux de l'hôpital *stricto sensu.* C'est ainsi que l'hôpital et ses personnels deviennent les animateurs et, parfois, les référents de réseaux composés de structures, de professionnels et de patients de plus en plus divers et éclairés.

On retrouve une des dimensions de ce que Luc Boltanski et Eve Chiapello, complétant la vision et la typologie des « économies de la grandeur », ont appelé « le nouvel esprit du capitalisme ». Dans cette logique, ce nouveau monde est « *un réseau ; l'objectif commun est 'l'activité' ; les personnes dignes d'éloge, sont 'mobile' et 'flexibles'. Le 'grand' est un manager qui sait établir des connexions au loin et qui sait en faire profiter les autres participants du projet* » (Blondeau et Sevin, 2004). Dans la période de transition d'un monde à l'autre, de nouveaux compromis s'établissent. Doivent donc se mettre en place des dispositifs permettant d'associer les moins mobiles dans l'espace (monde domestique) ou les moins flexibles (monde industriel) tout en respectant la valeur propre au monde civique : l'intérêt général.

C'est pourquoi le maintien des missions centrales de l'hôpital, c'est-à-dire la recherche de l'efficience et de l'équité, dépend de la qualité de la formation. C'est la clef qui permet d'adapter les compétences individuelles et la division du travail entre les professions médicales et paramédicales. Ces scenarii convergent donc vers un enjeu central, sinon unique : celui de la formation initiale et continue des professionnels. Plus précisément, il s'agit de créer les conditions de la création et de la transmission des savoirs pour que la division du travail s'adapte aux besoins, forcément *impermanents*, des patients-citoyens. L'agence nationale du développement professionnel continu devra œuvrer dans ce sens. Créée en 2016, elle tend à fédérer et à encadrer des formations continues désormais obligatoires pour tout professionnel de santé, tout en incitant les établissements à s'y engager à partir de leurs propres besoins. Au-delà, s'agissant du management des compétences et des qualifications, il s'agira de se départir de la vision quantitative illustrée par l'opposition trompeuse entre l'hospitalocentrisme et le mythe de « l'hôpital sans lit ».

Sur le plan de la division du travail médical proprement dite, il s'agira de rompre avec la logique des cloisonnements (monopoles, « rôles propres », etc.) pour privilégier la recherche d'efficience[40].

La grande conférence de santé, qui s'est tenue en février 2016 à l'initiative du Conseil économique social et environnemental, consacre ce mouvement. L'une de ses résolutions plaide très explicitement pour la mise en œuvre de pratiques et de compétences nouvelles : « *Décloisonner*

---

[40] Une discussion délicate s'est ouverte à propos de la féminisation, continue et constante, du corps médical : dans quelle mesure pourrait-elle faciliter les coopérations avec des professions paramédicales largement et traditionnellement féminisées ?

les modes d'exercice entre la ville et l'hôpital et diversifier les parcours professionnels [...] afin de favoriser la coordination ville / hôpital et améliorer le parcours de soins du patient » (CESE, 2016).

Pour cela, il sera possible de s'appuyer sur l'*universitarisation* du cursus des formations paramédicales. En cours depuis le milieu des années 2000, elle va connaître une accélération dans les années à venir. Dans cet esprit, la loi de Santé promulguée en janvier 2016 avait ouvert la voie aux pratiques infirmières avancées (PIA). Avec un aménagement du « rôle propre » et la publication, fin 2016, du premier Code de déontologie infirmier, ce changement n'en est qu'à ses débuts. En France, en 2017, une centaine d'infirmiers sont « labellisés » PIA et ils sont à peine plus nombreux dans les pays où cette dynamique est enclenchée depuis plus longtemps, comme le Canada ou le Japon. Le décret instaurant la création des infirmiers de pratiques avancées a été publié en juillet 2018 et il est prévu de créer 5000 postes à l'horizon 2022.

Cette loi s'inscrit dans un mouvement déjà ancien de renouvellement de la pratique infirmière et aussi plus ample car concernant tous les personnels en vue d'anticiper au mieux les changements (Berland, 2003). Dans les années 1990, ce mouvement avait conduit les hôpitaux à parler de gestion prévisionnelle des métiers et des compétences (Baret, 2017), en lieu et place de l'obsolète gestion des ressources humaines qui, elle-même, avait remplacé la « Gestion du Personnel ». Aujourd'hui, il est davantage question de « *stratégie de formation aux nouveaux métiers* » (Brasselet et Dugast, 2015). Celle-ci passe par la définition et l'acquisition de compétences à la fois nouvelles et évolutives.

Dans un premier temps, comme c'est le cas dans quelques rares universités, des formations tournées vers la maîtrise des parcours de soins sont à développer. En effet, en cette période de transition vers un hôpital ouvert, un accompagnement du patient dans le temps (long) et l'espace (complexe) des soins est indispensable.

Toutefois, cette fonction devra, peu à peu, être élargie. D'une part, l'objectif de ces *case managers* est de faciliter, en fait de « gérer », le franchissement des barrières et non de les abolir ; d'autre part, cette spécialité nouvelle reposerait toujours sur une conception individualisée de la prise en charge. Il faut donc faire en sorte que de nouvelles formations à de nouveaux métiers permettent d'identifier puis de surmonter les obstacles (professionnels, informationnels et organisationnels), qui nuisent à la fluidité des parcours de soins. Il s'agira aussi de solliciter et de renforcer les compétences susceptibles de mettre au jour des problèmes de santé collectifs ou dont les causes sont multiples et qui sont aujourd'hui masqués par les cloisonnements excessifs du système de santé.

L'une des voies serait d'évaluer et d'améliorer l'efficience au niveau des structures de taille intermédiaire (comme un réseau de soins, un GHT ou une communauté territoriale de santé).

Nul doute que l'intérêt que les hôpitaux portent à la santé publique et à l'éducation pour la santé s'en trouverait accru.

* * *

ANNEXE

Hôpital, médecins, infirmiers : éléments de comparaison France-Japon

Indicateurs	**France 2016**	**Japon 2016**
Infirmier / médecins Infirmière / aides-soignantes	3,5 1	4,7 4
Lits / 1 000 habitants	6,1	13,2
Sorties d'hospitalisation / 1 000 habitants	187	124
Personnel / lit	3	1
Médecins / 1 000 habitants Infirmiers / 1 000 habitants	3,3 10,2	2,4 11,3
Pourcentage de médecins femmes	43 %	21 %

Sources : OCDE (2017) et MHLW (2016).

RÉFÉRENCES

Aballea, P. *et al.* (2013), *Évaluation du financement et du pilotage de l'investissement hospitalier*, rapport IGAS et IGF, 168 p.

Acker, F. (2005), « Les reconfigurations du travail infirmier à l'hôpital », *Revue française des affaires sociales*, n° 1, pp. 161-181.

Arborio, A-M. (2012), *Un personnel invisible. Les aides-soignantes à l'hôpital,* (*2* ème ed.), Économica, Paris, 334 p.

ARS (2018), Les groupements-hospitaliers de territoires, 20 février.

ARS Auvergne-Rhône-Alpes (2018), *Schéma régional de santé 2018-2023, projet de l'agence régionale de santé*, 289 p.

Asia Pacific Observatory (2018*), Japan Health System Review,* Health System in Transition, V.8, n°1, pp. 248.

ATIH (2016)*, Guide méthodologique de production du recueil d'information médicalisé en psychiatrie*, juin, 75 p.

Barbier J.C. et Théret, B. (2009), *Le système français de protection sociale*, La découverte, 128 p., p. 83.

Baret, C. (2017), « GPMC à l'hôpital, avancées et difficultés », *Xerfi Canal*, 14 septembre.

Béjean, S. et Peyron, C. (coord.), (2002), *Santé, règles et rationalités*, Economica, Paris, 363 p.

Bellanger, M. and Mossé, P. (2005), "The Search for the Holy Grail: Combining Decentralised Planning and Contracting Mechanisms in the French Health Care System", *Health Economics*, V. 14, pp. 119 - 132.

Berland, Y. (2003), *Coopérations des professions de santé : le transfert de tâches et de compétences*, ministère de la santé, Rapport d'étape, 58 p.

Blondeau, C. et Sevin, J-C. (2014), « Entretien avec Luc Boltanski, une sociologie à l'épreuve », *ethnographiques.org*, n°5, avril.

Boltanski, L. et Thévenot, L. (1991), *De la justification ; les économies de la grandeur*, Galimard, 496 p.

Boltanski, L. et Chiapello, E. (2012), *Le nouvel esprit du capitalisme*, Gallimard, 321 p.

Bouffartigue, P., Pendariès, J-R. et Bouteiller J. (2011), « Le stress au travail, un enjeu social ouvert. L'exemple des soignantes », *Les Mondes du travail*, n° 9, pp.127-140.

Boyer, R. (2015), *Économie politique des capitalismes. Théorie de la régulation et des crises*, La Découverte, 365 p.

Bras, P-L. *et al.* (2012), *Évaluation de la tarification des soins hospitaliers et des actes médicaux*, IGAS, 297 p.

Brasselet, S. et Dugast, C. (2015), « Former aux nouveaux métiers, quelle stratégie ? », *Revue Hospitalière de France*, n° 566, octobre.

Cannasse, S. (2011), « Un état des lieux de la profession aide-soignante », Aide-soignant.com, 26 janvier.

Cartron, E. et Liendle, M. (2017), « L'universitarisation de la formation infirmière en France : un élan pour les recherches en sciences infirmières ? », *Recherche en soins infirmiers*, n°130, p. 5.

CESE (2016), *Grande conférence de la santé.* Accompagner le progrès en santé : nouveaux enjeux professionnels, Feuille de route », février, 19 p.

Charpak, Y. (coord.) (2000), « Les médecins aujourd'hui en France », *ADSP*, n°32, septembre, 52 p.

Chirac, J. (1996), *Discours aux cérémonies commémoratives du cinquantenaire du plan*, Paris, La Sorbonne.

Choussat, J. (1995), « L'hôpital en 2025 », *Droit Social,* n° 9-10, septembre octobre, pp. 792-796.

Cohen, L. *et al.* (2017), *Rapport d'information sur la situation des urgences hospitalières en liaison avec l'organisation de la permanence des soins*, juillet, 109 p.

Delaporte, F. et Gottely, J. (1995), « La formation aux métiers de la santé », *Solidarité Santé*, n° 4, octobre, pp. 25-42.

Deltour-Becq, L., Elbaum, M. *et al.* (2016*), Développement des prises en charge hospitalières ambulatoires de médecine*, Rapport IGAS, février.

DGOS (2017), *Le financement des établissements de santé*, ministère des solidarités et de la santé, http://solidarites-sante.gouv.fr.

Dodet. J.-F., (coord.) (2007), *La place de l'hôpital dans un réseau de proximité de prévention et d'éducation pour la santé,* Mémoire ENSP, Rennes, 39 p.

Domin, J.-P. (2015), « Réformer l'hôpital comme une entreprise. Les errements de trente ans de politique hospitalière », *Revue de la régulation*, V. 17, printemps.

Domy, P. *et al.* (2014), *Bilan et évaluation du fonctionnement des pôles*, Rapport au ministère des Affaires sociales et de la Santé, 32 p.

Drees, « Les établissements de santé, édition 2018 », *Panorama de la Drees,* Juin, 201 p.

Dussol, A. (2015), « Trop d'hôpitaux en France », site du *Concours médical*, janvier.

Esping-Andersen, G. (1990), *The Three Worlds of Welfare Capitalism*, Princeton University Press, 248 p.

FHF (2017), *Lettre de la Fédération hospitalière de France*, avril.

Fourcade, A. et al. (2017), « Bilan de l'expérimentation Incitation financière à l'amélioration de la qualité (IFAQ) : vers le modèle de généralisation ». *Journal de gestion et d'économie médicales*, V. 35, (6), pp. 265-286.

Gori, R. (2013), *La fabrique des imposteurs*, Les liens qui libèrent, 320 p.

Gaudin, J.P. (2004)*, L'Action publique. Sociologie et politique*, Dalloz, 243 p.

Gentile, S., Devictor, B., Amadeï, E. *et al.* (2005), « Les maisons médicales de garde en France », *Santé publique*, 2005/2, V. 17, pp. 233-240.

Grenier, C. et Bernardini-Perinciolo, J. (2015), « Le manager hybride, acteur-passeur et acteur-clôture aux frontières institutionnelles. Analyse d'un médecin-chef de pôle hospitalier », *Revue française de gestion* 2015/5 (n° 250), pp. 125-138.

Guerrero, I., Mossé, P., et Rogers, V. (2009), "Hospital Investment Policy in France: Pathways to Efficiency and the Efficiency of the Pathways", *Health Policy,* 93 (1), pp. 35-40.

Hall, P. A. et Soskice, D. (2001), *Varieties of Capitalism: The Institutional Foundations of Comparative Advantage*, Oxford Press, 560 p.

HAS (2014), « Intégration territoriale des services sanitaires médicosociaux et sociaux, Fiche point clef Organisation des parcours », septembre, 8 p.

HAS (2015), *Document d'information sur la méthode de l'expérimentation Incitation financière à l'amélioration de la qualité (IFAQ 1ère phase 2012-2014*), janvier, 22 p.

HAS (2018), *Les résultats de la certification*, www.has-sante.les-resultats-de-certification.

HCSP (2016), *Évaluation du plan psychiatrie et santé mentale 2011-2015*, mai, 228 pages.

Hirschman, A.O. (1972), *Défection et prise de parole*, Trad. fr., (2é ed.) Fayard, 1995.

Hirsch, M. (2017*), L'hôpital à cœur ouvert*, Stock, 279 p.

Huffingtonpost (2017), « Les plateaux repas servis dans cet hôpital japonais font rêver », 13 octobre.

IRDES (2015), *Données de cadrage ; l'hôpital*, Éco-Santé,

Johanet, G. (1995), *Santé. Dépenser sans compter, des pensées sans conter*, Santé de France, 244 p.

Jullien, F. (1996), *Traité de l'Efficacité*, Grasset, 240 p.

Kergoat, D. *et al.* (1992), *Les infirmières et leur coordination, 1988-1989*, Lamarre, 192 p.

Kerleau, M. (2003), « L'agence régionale de l'hospitalisation : un espace de négociation pour les restructurations hospitalières ? » *Revue française des affaires sociales*, n°3, pp. 27-53.

Kranklader, E. (2012), « Évolution de l'offre et des prises en charge hospitalières entre 2001 et 2009 : technicité croissante pour des séjours plus courts », *Dossier Solidarité et santé*, DREES, n°25, mars, 28 p.
Leblanc, A. (2013), « Soigner des enfants ou soigner des indicateurs ? », *Enfances & Psy*, 2013/1 (n° 58), pp. 6-10.
Le Garrec, M.A . *et al.* (2013), « 60 années de dépenses de santé », *Études et résultats,* DREES, n°831, février.
Le Menn, J. et Million, A., (2014), *Les agences régionales de santé : une innovation majeure, un déficit de confiance*, Rapport d'information au Sénat, 26 février.
Loumé, L. (2017), « 11 vaccins obligatoires ; la moitié des Français opposés, *Science et avenir*, Juillet.
MHLW (2016), *Annual Health, Labour and Welfare Report, 2016 Edition (Summary)*, Tokyo, 19 p.
McMillan C. et Tiessen J. (2008), "The Health of Countries: What Canada Can Learn From Japanese Hospitals", *Research Reports*, October, 18 p.
Minvielle, E. (2005), « Financer la qualité des soins hospitaliers : jusqu'où aller ? », *Gérer et Comprendre*, n°81, septembre.
Mintzberg, H. (1982), *Structure et dynamique des organisations*, Éditions d'Organisation, 440 p.
Moisdon. J.-C. (dir.), (1997), *Du mode d'existence des outils de gestion*, Seli Arslan, 286 p.
Moisdon, J.-C et Tonneau, D. (2008), « Le financement concurrentiel des hôpitaux », *Politiques et management public*, V.26, n°1, pp. 111-126.
Molinié, E. (2005), *L'hôpital public en France : bilan et perspectives*, Rapport au Conseil économique et social, juin, 274 p.
Mossé, P. (1996), « L'analyse économique de l'urgence : une construction sociale », *Sciences sociales et santé*, V.14, n°2, pp. 39-45.
Mossé, P. (1997), *Le lit de Procuste. L'hôpital : impératifs économiques, missions sociales*, Éres, 168 p.

Mossé, P. (1998), “Implementing Health Care Reforms in Europe: Policies, Actors and Institutions”, *Japanese Journal of Health Economics and Policy*, V.5, pp. 5-30.

Mossé, P. et Devineau, J. (2012), « Quand la psychiatrie rencontre le nouveau management public », *in* Demailly et al. *La politique de santé mentale en France ; acteurs, instruments, controverses*, pp. 73-86.

Mossé, P. et Paradeise, C. (2003), « Restructurations de l'hôpital, recompositions des hôpitaux. Réflexions sur un programme », *Revue française des affaires sociales*, n°3 juillet-septembre, pp. 143-158.

Mossé, P., Méhaut, P., Arborio, A.-M. et Causse, L. (2011) “When Flexibility Diversity Becomes Socially Acceptable: The case of the French hospital Industry”, *Economic and Industrial Democracy*, V.32 (2), pp.181-197.

Mossé, P., Harayama, T. *et al.* (2011), *Hospitals and the Nursing Profession: Lessons from Franco-Japanese Comparisons*, John Libbey, 175 p.

Mossé, P. (2017), « Bismarck et Beveridge : des prototypes aux archétypes », *Après-demain,* n°42, avril, pp 12-14.

Mossé, P., Harayama, T. et Boulongne Garcin, M. (2017) ? « Les infirmières travaillant au domicile des patients : maîtriser l'espace et le temps d'un exercice professionnel », *Recherche en soins infirmiers*, n°131, (4), pp. 52-60.

Naiditch, M. et Mossé, P. (2005), « Financement T2A : quel modèle de la performance pour l'hôpital », *Gestions hospitalières*, n° 450, novembre, pp. 734–738.

Nawata, K., Ii, M., Toyama, H. and Takahashi, T. (2009), “*An Analysis of the New Medical Payment System in Japan*, 8th World IMACS/ Congress, Cairns, Australia 13-17 July.

OCDE (2015), *Études économiques de l'OCDE - Japon*, avril, 55p.

OCDE (2017), *Panorama de la santé 2017*, Paris, 226 p.

Paché, G. et Paraponaris, C. (1993), *L'entreprise en réseau*, Coll. « Que-sais-je ? », PUF, 127 p.

Pisani-Ferry, J. (2017), *Le grand plan d'investissement 2018-2022*, Rapport au Premier ministre, septembre, 67 p.

Powell, M. and Anesaki, M. (1990), *Health Care in Japan*, Routledge, London.

Rochaix, L. (1989), "Information Asymmetry and Search in the Market for Physicians, *Journal of Health Economics*, V.8, pp. 53-84.

Rochaix, L. (1998), "The Physician as Perfect Agent: a Comment", *Social Science and Medicine*, V.47, n°3, pp. 355-356.

Schweyer, F.-X. (2005), « Les carrières des directeurs d'hôpital », *Revue française d'administration publique*, n° 116, pp. 623-638.

Sécurité Sociale (2014), *Les comptes de la Sécurité sociale*, septembre.

Simon, P. (2015), *Télémédecine, enjeux et pratiques*, Le Coudrier, 200 p.

Soubie, R. (1993), *Santé 2010, rapport du groupe « Prospective du système de santé »*, La Documentation française, 151 p.

Souteyrand, Y. et Contandriopoulos, P. (1996), *L'hôpital stratège, dynamiques locales et offre de soins*, John Libbey.

Studer, N. (2012), « Quelles évolutions récentes de la productivité hospitalière dans le secteur public ? », *Économie et Statistique*, n° 455-456, pp. 175-202.

Toulemonde, F. (dir.), (2017), « *Les établissements de santé-édition 2017* », Panorama de la Drees, 186 p.

Vallejo, J. Sampieri-Tessier, N. et Baret, C. (2015), *Comprendre les difficultés de la mise en œuvre de la délégation de gestion à l'hôpital,* communication au congrès ARAMOS, Marseille, novembre, 17 p.

Valette, A. Grenier, C. Saulpic, O. et Zarlowski, P. (2015), « La fabrication du médico économique à l'hôpital français : une analyse de la littérature », *Revue politiques et management public*, V.32, n° 3, juillet-septembre, pp. 241-264.

Véran, O. (2016), *L'évolution des modes de financement des établissements de santé. Une nouvelle échelle des valeurs*, mai, 71 p.

Vanlerenberghe, J.-M. (2017), *Rapport d'information sur la pertinence des soins*, n° 668, juillet, 62 p.

TABLE DES MATIÈRES

SANTÉ

AUX ÉDITIONS L'HARMATTAN

Dernières parutions

LES MÉDICAMENTS GÉNÉRIQUES

L'évolution d'un produit copié vers une version innovante

Fereshteh Barei

Cette étude a pour but de comprendre comment des compagnies pharmaceutiques génériques orchestrent et promeuvent la stratégie d'innovation dans leur portefeuille de produit, en assurant la création de valeur en vue d'une présence durable sur le marché.

(124 p., 14 euros)

ISBN : 978-2-343-15467-1, EAN EBOOK : 9782140101373

JEAN ET CHARLES-GUILLAUME VIGUERIE

La chirurgie toulousaine aux XVIIIe et XIXe siècles

Pierre Aubry

Avec la collaboration de Bernard-Alex Gaüzère

Jean Viguerie (1747-1802), fils de paysan illettré, est parti, encore adolescent, de son village natal des Hautes-Pyrénées pour se rendre à Montpellier, où avait été fondée en 1181 la première école française de médecine. Pourquoi a-t-il embrassé une carrière de chirurgien-barbier qui devait le conduire à la maîtrise en chirurgie, grade le plus élevé des chirurgiens de robe longue au XVIIIe siècle ? Son fils Charles Guillaume devint docteur en chirurgie et fut nommé à la mort de son père chirurgien en chef de l'Hotel-Dieu de Toulouse.

(Coll. Médecine à travers les siècles, 144 p., 17,5 euros)

ISBN : 978-2-343-15830-3, EAN EBOOK : 9782140102714

QUAND L'HÉRÉDITÉ BOUSCULE LA FAMILLE

Enfants drépanocytaires, les parents témoignent

Doris Bonnet, Marie-Hélène Buc-Caron, Frédéric Galactéros

La drépanocytose, maladie génétique grave, liée à une mutation de l'hémoglobine, est malheureusement très fréquente en France et dans le monde. La naissance d'un enfant atteint fait dévier les familles vers un chemin chaotique, dangereux et bien mal tracé. Même avec les progrès continuels des soins, une grande incertitude pronostique persiste qui tient pour une bonne part aux conditions d'accès réel aux soins optimisés. Ainsi il est aujourd'hui impératif de donner la parole aux familles confrontées à cette maladie et à ses complications.

(Coll. Sciences et Société, 156 p., 17 euros)

ISBN : 978-2-343-15279-0, EAN EBOOK : 9782140102738

LES AVANCÉES CLINIQUES ET THÉORIQUES DE LA SOPHROLOGIE

Xxxxixe Congrès de la Société Française de Sophrologie - Sous la direction de Jean-François Fortuna et Claude Chatillon - Avec la collaboration de Claudie Terk-Chalanset

A l'occasion du cinquantenaire de la Société française de sophrologie cet ouvrage est la résultante de toutes les avancées théories et cliniques. Ont été travaillés principalement : les traumatismes et l'apport des neurosciences dans leur compréhension, les troubles de l'attachement, l'empathie corporelle, l'efficacité des techniques de sophrologie. Sans oublier les discussions sur les états d'anxiété, le stress post- traumatique, le burn-out ou la blessure d'attachement.

(Coll. Société Française de Sophrologie, 102 p., 12,5 euros)

ISBN : 978-2-343-15135-9, EAN EBOOK : 9782140099991

LE MARIN

Entre désir de voyage et nostalgie

Christelle Ferraty-Giacardi

Préface de Luiz Eduardo Prado de Oliveira

Les marins que l'auteure rencontre en tant que psychologue sont pris entre désir de naviguer et besoin de rester à terre, à proximité de leur famille. Dans ce contexte, la question se pose de déterminer ce qui, malgré l'éloignement et les dangers, les invite, voire les contraint au voyage, mais aussi ce qui dans la séparation peut les faire souffrir. Dans cette perspective, cet ouvrage propose d'étudier les figures de marins proposées par la littérature, afin d'explorer le déterminisme de ces êtres de fiction, perçus par les écrivains au fil des époques.

(Coll. Santé, sociétés et cultures, 170 p., 18 euros)

ISBN : 978-2-343-15495-4, EAN EBOOK : 9782140097904

JOURNAL INTERMITTENT D'UN KINÉ DE CAMPAGNE ETHNOLOGUE À SES HEURES

Bernard Bléthon

Kinésithérapeute et ethnologue, l'auteur étudie depuis quarante ans les pratiques de médecine populaire, de sorcellerie et de religion populaire dans une zone rurale du nord du Massif Central. Il nous propose ici un travail fait d'un choix de notes consignées à la confluence de ses deux activités : ethnologie et kinésithérapie. Un double regard s'offre à nous : médical et anthropologique, sous la forme d'un journal, qui interroge la pratique professionnelle, les relations patients-thérapeute, les recours aux différentes formes de médecine (scientifiques, parallèles ou magiques). Il analyse les perceptions et représentations qu'expriment les malades en matière de santé, de maladie et de mort, ainsi que leurs évolutions.

(Coll. Ethnographiques, 218 p., 23,5 euros)

ISBN : 978-2-343-15156-4, EAN EBOOK : 9782140098321

VISAGES HYBRIDES

Vers une anthropologie de la prothèse

Sous la direction de Bernard Andrieu, Philippe Pomar, Florent Destruhaut et Emmanuelle Vigarios

L'hybridation en prothèse maxillo-faciale a rendu une conscience aux praticiens tout en donnant une nouvelle forme de vie aux patients. Par la convocation des dernières recherches en neurosciences et grâce au support conceptuel de la philosophie du corps, voire même de la neurophilosophie au sens large du terme, les auteurs de cet essai démontrent l'importance du geste de la mise en place d'une prothèse sur un individu blessé, mais appréhendé en tant qu'entité bio-psycho-sociale.

(Coll. Mouvements des Savoirs, 140 p., 15,5 euros)

ISBN : 978-2-343-14140-4, EAN EBOOK : 9782140096976

CONTRIBUTION À UNE HISTOIRE SOCIALE DES POISONS

Le Ginger Jake

Franck Canorel

S'il existe déjà une abondante littérature sur la Prohibition aux États-Unis, une de ses conséquences les plus funestes, à savoir l'intoxication de dizaines de milliers d'Américains par un élixir frelaté, le Ginger Jake, n'a pas retenu l'attention des historiens. Or, la survenue de cet épisode sur fond de ségrégation raciale fut à l'origine de théories complotistes et de discours très virulents à l'encontre des « ruraux alcooliques et oisifs » de l'Amérique profonde. Si, de prime abord, on peut supputer que le nombre des victimes suffirait aujourd'hui à qualifier cet épisode de crise sanitaire, une analyse de la gestion politique et scientifique de cet évènement dans l'Amérique des années 30 tend à mettre en évidence la part prépondérante du politique dans les décisions ayant trait à la santé publique.

(Coll. Acteurs de la Science, 96 p., 12 euros)

ISBN : 978-2-343-14671-3, EAN EBOOK : 9782140097621

LES ENJEUX DES MUTUELLES DE SANTÉ DANS LE PLATEAU CENTRAL DU BURKINA FASO

Awa Ymba Ouédraogo

Ce projet est né des questionnements qui gravitent autour du financement des soins de santé par les communautés et de l'introduction de la mutualité comme formule alternative. Il a pour objectif de mettre en confrontation cette culture formalisée de prise en charge de la maladie et les rationalités ou logiques communautaires. L'ouvrage permet de faire une lecture des conflits liés au milieu et soulève également les contradictions et les paradoxes liés à l'introduction de ce "nouveau" mode formalisé de solidarité.

(Coll. Harmattan Burkina Faso, 374 p., 37,5 euros)

ISBN : 978-2-343-15485-5, EAN EBOOK : 9782140096952

DANSE - ÉNERGIE - THÉRAPIE

Cancer et handicap

Sylvie Lagache

« La Danse-Énergie-Thérapie » (DET), est une proposition thérapeutique de médiation artistique qui permet de lutter contre l'anxiété et les risques de dépression du fait qu'elle éveille en chaque être le désir de s'exprimer, de créer et de communiquer. Elle favorise la confiance en soi. Elle s'adresse ici spécifiquement aux femmes atteintes d'un cancer du sein, aux personnes en situation de handicap et aux enfants malades. Les personnes concernées par le soin (thérapeutes, aides-soignants, accompagnants) trouveront des outils artistiques thérapeutiques pour développer une bonne approche relationnelle avec des personnes en souffrance.

(Coll. Art-thérapie, 228 p., 23,5 euros)

ISBN : 978-2-343-14895-3, EAN EBOOK : 9782140092916

POUR UN HÔPITAL DU VIVANT
Altérité, enjeux formatifs
Anne-Marie Dozoul, Long Pham Quang
Il est proposé ici une discussion d'idées autour de l'altérité. Le face-à-face avec un autre que moi-même vient questionner ce qui fait que l'autre est foncièrement autre et en même temps questionne l'autre que nous portons en chacun de nous même. Cette reflexion est proposée à partir de verbalisations de professionnels de santé en contexte de formation. Une analyse sur "l'étranger" celui qui vient circuler au sein de nos services hospitaliers.
(Coll. Santé éthique et formation, 222 p., 20 euros)
ISBN : 978-2-343-14929-5, EAN EBOOK : 9782140094026

FEMMES, ENFANTS ET SANTÉ À MADAGASCAR
Approches anthropologiques comparées
Sous la direction de Dolorès Pourette, Chiarella Mattern, Christine Bellas Cabane & Bodo Ravololomanga
Malgré les investissements financiers internationaux et les efforts des pays « du Sud » visant à améliorer la santé des mères et des enfants, la mortalité maternelle et infantile reste élevée : c'est le cas à Madagascar, objet de cet ouvrage. Ces contributions anthropologiques examinent les situations et acteurs, pour comprendre les problématiques de santé au Sud et favoriser l'appropriation locale des programmes de santé.
(Coll. Anthropologies & Médecines, 300 p., 31 euros)
ISBN : 978-2-343-14681-2, EAN EBOOK : 9782140087042

AFRIQUE, DÉVELOPPEMENT DURABLE ET COOPÉRATION INTERNATIONALE
Aïcha Yatabary
Préface de Franklin Nyamsi
Ce livre est composé de tribunes et de réflexions qui abordent des problématiques de santé publique, lutte contre le réchauffement climatique, genre, coopération internationale et bonne gouvernance. Pour relever les nombreux défis auxquels l'Afrique fait face, ainsi que ceux inhérents aux Objectifs de Développement durable, l'auteur propose une approche pluridisciplinaire, des solutions transversales et intégrées. Ce recueil se veut "bréviaire de politique concrète africaine".
(Coll. Harmattan Côte-d'Ivoire, 156 p., 17 euros)
ISBN : 978-2-343-14425-2, EAN EBOOK : 9782140084638

LES MICRO-UNITÉS INFORMELLES DE SANTÉ AU CAMEROUN
Elvire Mendo
Cet ouvrage s'intéresse au succès des micro-unités informelles de santé (MUSI) en milieu urbain camerounais au moment où des initiatives formelles tels les soins de santé promus par l'OMS sont parallèlement mises en place pour favoriser l'accès aux soins des populations vulnérables. Il s'agit de savoir en quoi les MUSI répondent mieux à certains besoins sanitaires des populations défavorisées que les autres services de santé, mais aussi d'en tirer des enseignements concernant la place potentielle de ces services dans le cadre d'une politique de santé élargie.
(Coll. Études africaines, 412 p., 39 euros)
ISBN : 978-2-343-13296-9, EAN EBOOK : 9782140075346

Structures éditoriales du groupe L'Harmattan

L'Harmattan Italie
Via degli Artisti, 15
10124 Torino
harmattan.italia@gmail.com

L'Harmattan Hongrie
Kossuth l. u. 14-16.
1053 Budapest
harmattan@harmattan.hu

L'Harmattan Sénégal
10 VDN en face Mermoz
BP 45034 Dakar-Fann
senharmattan@gmail.com

L'Harmattan Cameroun
TSINGA/FECAFOOT
BP 11486 Yaoundé
inkoukam@gmail.com

L'Harmattan Burkina Faso
Achille Somé – tengnule@hotmail.fr

L'Harmattan Guinée
Almamya, rue KA 028 OKB Agency
BP 3470 Conakry
harmattanguinee@yahoo.fr

L'Harmattan RDC
185, avenue Nyangwe
Commune de Lingwala – Kinshasa
matangilamusadila@yahoo.fr

L'Harmattan Congo
67, boulevard Denis-Sassou-N'Guesso
BP 2874 Brazzaville
harmattan.congo@yahoo.fr

L'Harmattan Mali
Sirakoro-Meguetana V31
Bamako
syllaka@yahoo.fr

L'Harmattan Togo
Djidjole – Lomé
Maison Amela
face EPP BATOME
ddamela@aol.com

L'Harmattan Côte d'Ivoire
Résidence Karl – Cité des Arts
Abidjan-Cocody
03 BP 1588 Abidjan
espace_harmattan.ci@hotmail.fr

L'Harmattan Algérie
22, rue Moulay-Mohamed
31000 Oran
info2@harmattan-algerie.com

L'Harmattan Maroc
5, rue Ferrane-Kouicha, Talaâ-Elkbira
Chrableyine, Fès-Médine
30000 Fès
harmattan.maroc@gmail.com

Nos librairies en France

Librairie internationale
16, rue des Écoles – 75005 Paris
librairie.internationale@harmattan.fr
01 40 46 79 11
www.librairieharmattan.com

Librairie l'Espace Harmattan
21 bis, rue des Écoles – 75005 Paris
librairie.espace@harmattan.fr
01 43 29 49 42

Lib. sciences humaines & histoire
21, rue des Écoles – 75005 Paris
librairie.sh@harmattan.fr
01 46 34 13 71
www.librairieharmattansh.com

Lib. Méditerranée & Moyen-Orient
7, rue des Carmes – 75005 Paris
librairie.mediterranee@harmattan.fr
01 43 29 71 15

Librairie Le Lucernaire
53, rue Notre-Dame-des-Champs – 75006 Paris
librairie@lucernaire.fr
01 42 22 67 13

www.ingramcontent.com/pod-product-compliance
Lightning Source LLC
LaVergne TN
LVHW021209061026
849535LV00008B/2645